그렝이질

그렝이질

엄미희 · 정애령

수필과비평사

| 여는 글 |

대청호의 별, 새별
굽이굽이 길과 길로 연결되지 못한 채
섬으로 남아 슬픈 별, 새별

식수로 사용하는 물이니 배를 띄울 수 없는 호수.
건기가 아니면 그저 바라볼 수밖에 없는 섬.
작고 아름다운 섬, 새별.

평소에는 섬이 되어 추억 속에 슬픔을 감추고
건기가 되는 봄, 아주 잠깐
물속에 감췄던 자신을 드러내 속속들이 보여준다.

그러나
보고자 하는 사람만이 볼 수 있는 새별의 속내
섬은 자신에게로 걸어갈 길을 열어준다.

햇살 따사로운 봄
얼었던 땅이 녹듯
그렇게 자신을 열어주는 새별.

오늘도 나는 새별에 간다.
마음 깊은 대청호에 간다.
자연을 만나고 세상을 만나러 간다.
사람을 만나고 삶을 만나러 간다.

글을 쓴다는 것은 새별에 가는 것과 같다. 가끔은 새별처럼 추억 속에 슬픔을 감추기도 하고 또 가끔은 가슴 속 저 밑바닥에 있는 속내까지 다 끌어내기도 한다. 반짝이는 호수가 되고 작은 풀꽃이나 커다란 나무가 되기도 한다. 그렇게 글은 나에게 길이 되고 섬이 된다. 사람과 자연과 세상이 내게로 와 글이 된다. 또 하나의 삶이 된다.

| 차 례 |

엄미희 편

2부

3부

정애령 편

4부

5부

정애령 편

6부

1부

미나리꽝

시장 안 여기저기 봄 향이 가득하다. 한겨울에도 만날 수 있는 봄나물이지만, 향기만큼은 제철을 따라가지 못한다. 봄나물을 한아름 안고 와서 보니 미나리가 많다. 미나리를 지나치게 좋아하는 탓이다. 미나리는 씹는 느낌이나 향도 좋지만 무엇보다 먹고 난 후의 개운함이 더 좋다. 아니 어쩌면 어렸을 적 미나리꽝에 대한 추억 때문에 미나리가 무작정 좋은 것인지도 모르겠다. 그것도 아니라면 인湮이 박여버린 탓일까?

사계절 미나리꽝만 보고 살았던 것도 아닌데 내 기억 속의 많은 부분은 늘 푸르렀던 미나리꽝이 차지하고 있다. 어린 내 눈에 미나리 숲은 거대해 보였다. 하루는 미나리꽝에 있어야 할 엄마가 보이지 않았다. 아무리 불러도 대답이 없었다. 늘 하던 엄마의 당부도 잊은 채 무작정 발을 담갔다. 넘어질 듯 몇 발짝을 떼었지만 더 이상은 움직일 수 없었다. 내가 언제나 소원하던 것처럼 엄마는 정말 없었다. 그런데도 난 울고 있었다. 바라던 일이 이루어졌는데도, 불안에 떨며 울고 있었다. 그렇게 울고 있는 나를 향해 엄마가 달려와 거친 손을 내미셨다. 그날 처음 잡아본 엄마의 손은 따뜻했다. 엄마가 내 손을 잡아 줄 수도 있다는 사실에 감격했다. 엄마의 손을 잡고 늪 같은 미나리꽝을 간신히 빠져나왔다. 가위눌린 듯했던 그 무서움에 나는 오래도록 시달려야 했지만, 그럴 때마다 그날의 엄마 손을 생각하면 무서움에서 조금이나마 벗어날 수 있었다.

미나리꽝은 엄마만의 작은 세상이었다. 아홉 남매의 맏이로서 부모님의 의지가 되어 주어야 했다. 일찍 하늘로 가버린 아버지 몫까지 해야 한다는 자식들을 향한 책임감과 의무감. 현실은 펄 같은 세상으로 엄마의 발목을 끌어갔을 것이다. 손잡아주는 이 없이 늘 혼자 힘든 발걸음을 떼야만 했을 엄마. 자신을 향해 내뱉는 아픈 소리들. 삶의 고통들이 질퍽대는 그곳에서 허리 숙인 채 엄마는 늘 그렇게 있었다. 바람 따라 일렁이는 미나리처럼, 흔들리는 마음을 베고 있었다. 홀로 설 수밖에 없는 자신의 서러움을 베고 있었다. 마음이 흩어져 버릴까 영잎* 을 가리어 다듬고 미나리단 묶듯 그렇게 자신을 단단히 묶고 있었다.

아니 어쩌면 그곳은 푸른 희망이 넘실대는 곳. 황톳빛 생명수가 흐르는 곳이었는지도 모르겠다. 발가락 사이사이를 비집고 올라오는 논바닥의 진흙 같은 삶의 욕구를 느끼며, 오염된 물을 정화시켜 주듯 미나리가 그렇게 엄마의 광풍 같은 마음을 정화시키고 있었을 것이다. 미나리를 베어 낸 자리에 담겨 있는 아름다운 밤하늘을 보며 엄마 자신도 아름다운 그림을 그리고 있지는 않았을까?

학교라고는 구경도 해보지 못했고, 잠자는 시간마저 부족했다. 그런 엄마가 도와주는 이 없이 혼자 수를 놓는 법을 알아내고, 글씨를 깨우쳤다. 엄마 안의 무엇이 그런 열정을 갖게 했을까. 어쩌면 자신을 일으킬 수 있는 유일한 길이기 때문이었는지도 모

---

* 영잎: 시금치, 미나리, 하루나 등의 야채에서 노랗게 변한 잎이나 못쓰게 된 잎.

른다. 아니 자식들에게 문맹의 서러움을 물려주기 싫어서였을 것이다. 엄마는 그때 가장 아름다운 그림을 그리고 있었는지도 모른다. 미나리를 베어낸 자리에 별들이 쏟아져 담기듯이 자식들에 대한 꿈의 그림을 아름답게 그리고 있었을 것이다.

언제나 그 꿈에 부응하고 싶었다. 그리고 한때는 작으나마 그날그날 만족한 듯했다. 그러나 지금은 힘들다. 남편의 실직은 다시금 미나리꽝에 빠져 꼼짝할 수 없었던 어린 시절을 떠올리게 만든다. 흙탕물 속에서 허우적거리는 나를 향해 달려오던 엄마가 뵙고 싶다. 엄마는 내가 비틀거릴 때마다 손을 잡아 주셨다. 그 손이 내게는 가장 든든한 힘이 되었고, 길잡이가 되었다. 그 손만 잡고 가면 마른 땅을 밟을 수 있었다. 그 옛날 미나리꽝 속에 오늘은 내가 엄마처럼 서 있는 것 같다. 허리 숙여 미나리를 베고, 흩어져 버리는 마음의 영잎을 가리어 다듬는다. 그 옛날의 엄마처럼…….

미나리를 보면 온 얼굴에 물결 지듯 주름진 엄마 얼굴이 떠오른다. 미나리꽝과 하나가 된 엄마가 말하는 것 같다. 다른 건 생각지 말라고. 넘실대는 푸른 희망만 보라고. 밤하늘을 아름답게 안아 들이던 그 수면만 기억하며 가란다. 가끔은 넘어지기도 하고, 거머리에게 두 다리를 주저 없이 맡기기도 하라신다. 그러나 내겐 아직 버거운 일이다. 오늘도 난 펄 같은 세상 속에서 빠져 나올 길을 찾고 있다. 온통 주름뿐인 엄마의 손을 잡고 그 힘을 느끼고 싶어 전화를 든다.

굼벵이

나무 위 매미 울음소리가 우렁차다. 오랫동안 자신 속에 묻어 두었던 소리를 원 없이 펼쳐낸다. 저렇게 목이 터져라 울고 싶어 어두운 땅속에서 어찌 소리 없이 지냈나 싶다. 긴 세월 묻어 두었던 소리를 짧은 시간에 모두 토해낸 매미는 미련 없이 여름을 따라 떠난다. 매미가 알을 깐 후 굼벵이로 사는 기간은 삼 년에서 십칠 년까지인데 탈각하여 매미로 사는 기간은 겨우 1~3주에 불과하다. 그나마도 소리를 낼 수 있는 건 매미가 되고 나서도 며칠을 더 기다려야 한다.

긴 시간 동안 굼벵이는 땅속을 기어 다닌다. 그저 우윳빛 몸통만 가졌을 뿐 뼈가 없으니 서지도 못하고 언제나 누워만 있다. 열심히 기어 보지만 언제나 제자리걸음이다. 그래서 굼벵이는 늘 자신이 서글프고 못마땅하다. 굼벵이는 생각한다. 하느님은 내 다리를 왜 이렇게 짧게 만드셨을까. 이렇게 짧은 다리를 주시려거든 지네처럼 많이 주기라도 하시지. 몸통은 또 왜 이리 뚱뚱하게 만드셨을까. 빛 대신 어둠만을 주신 이유는 또 무엇일까. 굼벵이는 자신을 휘감고 있는 물음표들과 싸운다.

어둠뿐인 세상이지만 단 하나라도 눈에 넣어 보려고 작은 눈을 자꾸만 크게 뜬다. 햇살이 그리워 지표면 가까이로 올라간다. 햇살을 만나기만 하면 소리나 날개가 그냥 생길 것만 같다. 찬란한 태양이 자신을 통째 태워버릴 수도 있다는 사실을 굼벵이는 알지 못한다. 지표면이 가까울수록 걸음이 더디어진다. 온몸이 바짝 마르는 것 같고, 해님의 열기에 모든 것이 녹아버릴 것 같다. 어쩔 수 없이 아래로 다시 몸을 움직인다. 금세 터져버릴 것 같은 물컹거리는 껍질을 하루빨리 벗고 딱딱한 표피를 갖고 싶다. 굼벵이는 영원히 날개를 달지 못할 것 같아 두렵다. 아름다운 날개를 펄럭이며, 찬란한 태양빛 속에서 나는 날을 꿈꾼다.

짧은 다리가 굵은 몸통을 지탱하지 못해 누워서 등으로 구르기만 한다. 그러니 늘 그 자리가 그 자리다. 땅속에서 구르다 보니 길 아래도 길이고, 길 위도 길인 것만 같다. 방향을 모르고 갈팡질팡하는 내 모습이다. 가재나 굼벵이처럼 이미 주어져서 바꿀 수 없는 것들에 미련을 두고 허송세월만 하고 있는 것은 아닌지. 굼벵이처럼 작은 눈 크게 뜨고 꿈을 위해 열심히 구르고 있기는 한지. 이런저런 삶의 물음표들 앞에서 나 역시 자유로울 수 없다.

어둠이 싫다고, 굳은 표피를 갖게 해달라고, 날개가 필요하다고 소리치는 굼벵이. 그러나 아무리 악을 쓰고 핏대를 올려도 소리가 되어 나오지 않는다. 어떤 소리도 낼 수 없는 굼벵이. 아무리 발버둥쳐도 늘 그 자리만 지키고 있는 굼벵이. 그 속에 내가 있다. 자신의 약점인 줄 알면서도 버리지 못한 채 그 약점을 끌어안고 사는, 나는 썩은 이엉 속의 굼벵이다. 언젠가 그 약점이 악취가 되어 스스로 썩어버리지 않게 다듬고 또 다듬어 간다.

매미의 날개는 자유요, 아름다움이요, 빛이요, 우주다. 날개를 가진 자들에게서 불가능은 없어 보인다. 그들의 생각은 곧 가능성이요, 그들의 행동은 곧 실체이다. 날개와 더불어 수매미는 모든 진기를 모아 멋진 목청으로 여름 내내 우렁찬 사랑의 찬가를 부른다. 암매미는 많은 알을 낳음으로써 행복의 절정을 맛본다. 매미는 그렇게 짧은 행복을 위해 그 많은 어둠의 세월을 견딘다.

아니 어둠과 하나가 되고, 그 어둠을 소리와 날개로 승화시켰다. 그래서 그들의 삶이 더욱 아름다운 것이다.

굼벵이도 여러 종류가 있다. 어떤 종류는 과일이나 농작물을 비롯한 각종 식물의 뿌리 근처에 살기도 한다. 나 역시 학창시절에는 상큼한 과일나무에 둥지를 튼 것처럼 마냥 설레고 감미롭기만 한 미래를 꿈꾸며 행복했는지도 모르겠다. 그러나 언젠가 내가 선 자리가 썩은 이엉 속이라는 것을 알게 되었을 때 그 퀴퀴하고 구린 냄새에 몇 번이고 구역질을 해댔었다. 나는 굼벵이처럼 구르는 재주도 없으면서 썩은 이엉 탓만 하고 있었다. 그 이엉 속이 최고의 보금자리라는 사실을 알지 못했었다.

내 안에 있는 것들 하나하나가 썩은 냄새를 풍기며 삭아야만 사람다운 사람이 되는 것 같다. 단 며칠을 살더라도 사람다운 사람이 되기 위해, 나만의 소리를 만들기 위해서 내 속에 있는 어둠을 굼벵이처럼 소화하는 방법을 배우고 싶다. 그의 구르는 재주와 인내심을 배워 내 속의 모든 진기를 모아 노래하는 매미가 되리라. 나는 오늘도 열심히 굼벵이 수업을 한다. 짧은 다리로 달리려 하지 않고, 천천히 기어간다. 서두르지 않고 굼벵이처럼 더디게 더디게 간다.

동창생

가을이 빠르게 가고 있다. 지구의 온도가 자꾸만 상승해 간다는데, 그럼 가을도 길어야 정상이 아닐까. 그러나 가을은 유독 짧게 느껴진다. 어쩌면 가을이 없어질지 모른다고도 한다. 그래서일까. 그날 아침은 10월의 초입답지 않게 유난히도 추웠다.

손전화기 알람소리에 온몸 가득 눌어붙어 있는 잠기운을 몰아내고 눈을 비비적대며 알람을 끈다. 순간 초등학교 모임방에 뭔가 많이 올라와 있는 것들이 보였지만 바쁜 시간이라 무심하게 전화기를 닫는다. 활기차게 집을 빠져나가는 가족들을 배웅하고, 손전화기를 찾아 든다.

"친구 ○○○ 위독, ○○병원 응급실에 있음."

동틀 녘에 올라온 그 글 아래 친구가 지금은 좀 어떤지, 쾌유를 빈다는 등의 다른 친구들의 댓글이 줄을 잇고 있다. 놀라긴 했지만 그래도 설마 무슨 일이 생기지는 않겠지 하는 마음으로 그 친구와 가까운 친구에게 전화로 상태를 물어본다. 수술 중이라 지금은 뭐라 말할 수 없단다. 그렇게 친구의 상황을 전화로만 확인하고 찾아가 볼 생각은 안 했다. 그것은 어쩌면 일어나지도 않을 일을 걱정하고 있다는 생각 탓인지도 모르겠다.

어느 날인가 동창생으로부터 초등학교 동창회에 참석하라는 연락이 왔다. 동창들이 궁금하지 않느냐며, 그때 정말 친했던 친구들 지금은 어떻게 변했는지 보고 싶으면 동창회에 나오라고 말했다. 별로 내켜 하지 않는 나를 친구는 끈질기게 설득했고, 결국에는 생각해보겠노라 말했다. 대답하고 보니 그때 단짝이었던 친구의 소식이 궁금하고 보고 싶었다. 매번 날 쫓아다니며 괴롭히던 짝꿍은 지금 무얼 하고 사는지. 가사실습 시간에 주위를 힐끔거리며 앞치마가 없는 나에게 자신의 앞치마를 던지듯 놓고 간 잘생긴 그 남자 아인 어떻게 변했는지. 그때의 또 다른 코흘리개

들은 지금 어떤 중년이 되었을까도 궁금했다. 며칠 뒤 다시 연락이 온 친구와 함께 동창회 자리에 나갔다.

어릴 적 친구들의 모습은 많이 변해 있었다. 자신의 이름을 말하고 보니 중년의 얼굴 속에 어릴 때의 모습들이 조금씩 남아 있었다. 옛 이야기 속에 서로의 인사가 끝날 즈음 저만치서 한 녀석이 격하게 알은체를 한다. 대뜸 내가 자신의 여자라며 너스레를 떤다. 한 이불을 덮고 잔 사이이니 당연한 게 아니냐며 크게 떠들어대는 녀석으로 인해 모두의 시선이 우리에게 쏠렸다. 순간 당황한 나는 무슨 소린지 몰라 어안이 벙벙한 채 녀석을 바라본다. 이상하게도 나는 녀석의 이름마저도 낯설다. 내 형편없는 기억력을 나무라면서 녀석은 어렸을 적 이야기를 장황하게 늘어놓았다. 그의 말에 의하면 초등학교 입학 전까지도 우리는 볼 것 안 볼 것 모두 보고 자란 사이란다. 말하자면 그의 어머니와 나의 어머니는 직장 동료였다. 엄마들이 일하는 사이 어린 우리는 함께 놀고, 함께 잠들었던 것이다.

내 기억 속에 그의 자리가 한 치도 없었던 것은 무엇 때문일까. 녀석의 가족들 중 내 머릿속에 가장 크게 남아 있는 것은 그의 아버지다. 늘 내 동생을 데려가서는 아들 삼겠다고 했다. 어린 나는 동생을 빼앗길까 노심초사 그 집 앞에서 동생을 달라며 울었다. 무섭게 생겨서 큰 소리만 치는 아저씨가 어린 난 싫었다. 과자를 잘 사주는 아저씨, 원할 때면 넓은 어깨로 언제든 업어주는 아저씨가 어린 동생은 좋았나 보다. 저녁이 되면 오지 않겠다며 떼를 쓰는 동생을 강제로 잡아끌고 와야 했던 기억은 지금도 생생하다.

하얀 얼굴에 공부도 잘했던 것으로 기억되는 녀석의 형은 아마도 내 첫사랑이 아니었을까 싶다. 녀석의 여동생은 내가 초등학교를 졸업할 때까지 친동생처럼 같이 뛰어놀았던 기억이 난다. 어머니의 친구이기도 했던 그의 어머니는 친정집에서 몇 년 전까지도 간혹 뵐 수 있었다. 중년이 된 그는 머리끝에서 발끝까지 그 옛날 자신의 아버지와 같았다. 졸업앨범 속의 그도 나는 낯설다. 내 어머니도, 동생도 모두 잘 기억하는 그를 나는 왜 기억 속에서 지워버렸을까. 서로의 안부를 묻는 그와 내 친정식구들이 이상하기만 했다.

지난해 가을, 그는 내가 사는 도시에 일이 있어 왔다며 점심을 같이 먹자고 했다. 동창들 여럿이 같이 만나는 것도 아닌 개별적인 만남은 아무래도 부담스러웠다. 밥 한번 먹자는데 뭘 그러느냐며, 너한테 딴 맘 같은 거 없으니 밥이나 먹자고 한다. 가까운 친구가 있는데 혼자 밥 먹게 할 거냐고 하는 그에게 하필 오늘이

어서 어쩔 수 없노라 끝까지 거절했다. 그리고 지난여름 그에게서 전화가 한 번 더 왔다. 이번에도 이런저런 핑계를 댔지만 통하지가 않았다. 다음에 같은 기회가 있으면 바빠도 먹어주겠노라 했으니 이번엔 기다려서라도 밥 먹고 가겠다고 한다. 순간만 모면하고자 했던 내 어리석음을 탓하며 약속 장소로 향했다. 서로의 부모님, 가족 이야기, 옛날 뛰놀던 뒷동산과 동네 그리고 옛 친구들 이야기를 했다. 가끔 동성 친구처럼 이렇게 보면 좋겠다는 그의 제안을 매몰차게 거절했다. 난 고루한 사람이라 그게 잘 안 된다며…….

응급실에서 수술실로, 다시 중환자실에 있다던 친구는 두 남매를 두고 급하게 먼 길을 떠났다. 어린 남매와 가까운 가족들, 동창들, 사회 친구들 몇몇이 빈소를 지키고 있었다. 쓸쓸한 빈소를 지키고 있던 친구의 여동생이 나를 먼저 알아보고 반갑게 맞았다. 몇 번이나 고맙다고 말하는 친구의 여동생을 보며 나는 얼굴을 들지 못했다. 친구의 영정 앞에서 참 많이 미안했다. 두 아이를 키우며 오래도록 외로웠을 그에게 좀 더 따뜻한 친구였음 어땠을까 싶다.

허기

저녁을 든든히 먹었다. 아니 때를 지난 식사였으므로 과하게 먹었다. 허겁지겁 삼킨 음식으로 탈나지 않을까 걱정스럽기도 하다. 물리칠 수 없는 식곤증으로 늘 곤혹을 치렀기에 불면증과는 친해질 이유가 없었다. 그러나 요즘은 한밤중에도 허기란 녀석이 나를 잠들지 못하게 한다. 뱃속에 과다한 음식을 넣은 지 불과 한 시간도 채 안 되건만 또 배고픔이란 허상에 끌려다닌다. 뭔가를 더 먹지 않으면 안 될 것 같은 묘한 강박관념에 라면을 끓인다. 한 개로는 부족하다는 욕심과 한 개도 분명 다 먹지 못할 것이란 예감 사이에서 방황하다 결국은 두 봉지의 욕망을 끓는 물속에 넣었다. 아니나 다를까, 첫 술부터 거부반응이 온다. 아까운 마음에 꾸역꾸역 밀어 넣어 보지만 결국은 항복한다. 조금밖에 먹지 못한 것을 버리고야 만다. 이렇게 허기와 동행하고 있는 나를 순간순간 발견한다. 먹고 돌아서면 또 배가 고프다는 생각에 견딜 수가 없다. 도둑고양이처럼 여기저기를 뒤져 음식물을 입으로 가져가지만, 두 번 이상을 삼키지 못한다. 그러면서도 늘 먹을 것을 찾는 자신을 발견한다.

더부룩한 배를 움켜쥐고 잠자리에 든다. 꿈을 꾼다. 꿈속에서도 나는 먹고 있다. 넓은 저수지 물을 단번에 다 마셔버렸다. 그러고도 허기에 찬 모습으로 푸른 하늘을 바라본다. 많은 사람들이 물을 보내라 아우성인데 담겨진 물이 없다. 내가 다 마셔버린 탓이다. 저수지 아래에서 아이가 울고 있다. 목마름을 호소한다. 마셔버린 물을 어찌 다시 채울까 고민하다 잠에서 깬다.

바보상자 앞에서 가족들이 파안대소하고 있다. 쌓인 스트레스를 해소하고 있음이다. 지나친 내 이성은 상자 속 인물의 행위를 비판하는 마음부터 인다. 보이는 그대로 받아들일 줄을 모른다. 그런 나는 가족들에게 이방인일 뿐이다.

아이들의 작은 실수도 용납하지 못한다. 머릿속에 짜놓은 계획

표대로 움직여주지 않는 아이들이 야속하다. 아이들이 잔꾀라는 돌부리에 걸려 넘어진다. 손을 잡아주지 않는다. 다정스러운 말 한마디도 없다. 그저 혼자 일어서라고, 빨리 가라고 재촉한다. 마음이 바쁘다. 작은 현실에 안주해버릴까 노심초사한다. 아직은 어린 나무인 것을 열매가 맺지 않을까 미리부터 걱정한다. 자랄 수 있는 여건을 충분히 갖추어 주지 못하는 강박관념일지도 모른다. 모진 비바람 속에서 더 튼실하게 자랄 수 있음만 강조하고 있다. 그 비바람에 쓰러지는 나약한 존재가 될까 두려웠다. 그러나 이제는 세상의 비바람이 아닌, 내가 일으킨 비바람에 너무 많은 상처를 입고 있다. 상처를 쓸어주어야 할 때임에도 더 큰 상처만 자꾸 만든다. 생채기만 안은 아이가 걱정스럽다. 늘 평화의 그늘 속에만 있을 수는 없다. 올곧게 일어서지 못하고 주저앉아버릴 것만 같다.

목마른 아이를 위해 빈 저수지에 물을 채워야 한다. 여유와 사랑을, 그리고 아이의 생각들을 맑게 채워야 한다. 이렇게 말라 있는 저수지 반대편에 또 다른 저수지가 있다. 감당할 수 없을 만큼 많은 물이 넘친다. 아픔이다. 욕심이다. 욕심과 아픔이 수로를 따라 흘러야 하건만 수로가 막혔다. 바가지로 퍼낸다. 욕심도 아픔도 줄 줄을 모른다. 커다란 양수기가 있으면 좋으련만, 소견은 양수기를 마련할 여유를 주지 않는다. 빨리 퍼내지 않으면 썩을지도 모른다.

책과 사색이 양수기가 되어 주리라는 생각으로 밀림 같은 도서관만 이리저리 헤맨다. 사랑으로 먼저 실천해야 한다. 바가지를 사용하면서 차분히 생각했어야 했다. 아이들은 큰 걸 바라지 않는다. 오로지 자기들을 존중하고, 사랑으로 감싸고, 작은 것이라도 칭찬받으며 존중받고 싶은 것이다. 포근한 품이 필요한 아이에게 난 늘 채찍만 들고 조련하기에 바빴던 것이다.

가장 가까운 논밭마저도 적셔주지 못하고 있다. 아니 그들은 더 메말라 가고 있었다. 내가 작은 바가지를 사용하는 것마저 잊어버린 탓이다. 내 힘에도 겨운 큰 양동이를 사용했다. 무리였다. 제대로 퍼 담는 물보다 무게에 못 이겨 엎질러진 물에 온몸을 적시기만 했다. 물은 조금씩 옮겨지는 듯했으나 다리가 후들거리고 팔이 흐느적거린다. 나 스스로 버려야 할 것을 버리지 못하여 여러 사람이 고통스럽다.

막힌 수로를 뚫어야겠다. 사랑이라는 이름의 수로를 넓히기 위해 내 안에 굳어진 땅을 판다. 힘겹고 아프다. 시간 속에 묻혀버린 아픔들을 꺼내서 지난 편지처럼 자꾸만 들여다본다. 상처를 낸 사람들은 바람이 잠시 스친 것으로만 생각하는데, 아니 자신들이 바람을 일으켰다는 사실조차도 알지 못하는데, 난 늘 상처를 어루만지고 있다. 아직도 아프다고 소리치고 있다. 내 비명소리에 이제는 그들이 상처 입을까 두렵다. 모든 아픔을 퍼내고 싶다. 그리고 사랑만 하고 싶다. 얼어붙은 마음을 여는 일이 너무나 힘들다. 최선의 방법을 찾는다. 이제는 상처 입힌 손이 다가올 때면 스스로 주문을 건다. 상처주려는 것이 아니라고, 상처는 스스로 입는 것이라고, 흉물스런 자라손은 함께한 세월 속에 삭아 덤덤하고 투박한 솥뚜껑 같은 손으로 바뀌었으니 놀라지 말라고. 자신을 자꾸만 다독인다. 이렇게 또 하나의 힘겨운 사랑을 이루어 간다.

사랑의 수로를 타고 오면서 정화된 물이 타인을 향한 저수지에 고이기 시작한다. 물의 흐름이 느리다. 저수지 한쪽을 헐어버릴 궁리를 한다. 난 목마르지만 않으면 족하다. 그러나 연쇄작용으로 지탱하고 있는 모든 것이 무너질 수도 있다. 때로는 욕심과 아픔이 삶의 힘이 되어 주기도 한다. 물은 수로를 따라 천천히 알맞은 양으로 흘러야 한다.

사랑에 있어 나는 아직 초보자다. 내 안의 수로에 맑은 물이 마르지 않고 흐르도록 허기진 삶에 따뜻함을, 사랑을 조금씩 채워나가야겠다.

반지

반지가 잘 어울리는 손이 있다. 통통한 손은 예뻐서 탐스럽다. 어머니의 손가락은 복스러워 보인다. 유감스럽게도 내 손가락은 어머니를 닮지 않았다. 마디가 굵다. 그래서 반지를 잘 끼지 않는다. 그래도 예쁜 반지만 보면 탐이 난다. 문구점 앞을 지나다 입구에 진열된 장난감 반지를 보았다. 너무나 앙증맞고 예뻤다. 한참을 구경하다 딸아이에게 줄 요량으로 그중 하나를 샀다. 반지를 낀 아이의 손가락을 보고 있으려니 어머니의 움푹 팬 손가락이 새삼 떠오른다.

집 밖에서의 어머니는 항상 너그러운 분이셨다. 그래서인지 어머니 주변에는 언제나 사람들이 많았다. 그러나 집안에서의 어머니는 철저하게 군림하는 것 같았다. 적어도 어린 내 눈에는 그렇게 보였다. 단 한 번도 자식의 편에 서지 않았던 어머니. 세상의 편에 서 있던 어머니를 향해 나는 간혹 비수 같은 말을 던지곤 했다. 어머니의 그늘에 있으면서도 세상 비바람을 다 맞은 듯 자랐다. 하지만 그것은 더 큰 고난을 이겨내라는 어머니 나름의 자식 훈육법이었다는 것을 이제는 안다. 세월이 가면서 어머니의 자식 사랑법을 하나씩 터득해 간다. 그리고 어머니의 자식 사랑법을 이젠 내 아이들에게 꽤 자주 써먹는다.

생각해 보니 어머니의 멸시와 질타를 받았던 상대는 또 있다. 이성으로서 다가서는 사람들에게는 한 치의 틈도 보이지 않았다. 단 한 번의 부적절한 언행만 있었어도 그를 다시 상대하지 않았다. 꼭 상대할 일이 생기면 평소의 너그러움은 찾을 수가 없었다. 육두문자를 쓰든 뭘 하든 상대에게 만정이 떨어지도록 했다. 자식들에게는 아버지가 필요했다. 부자 아버지를 둔 친구들이 부러웠다. 돈 벌러 간 어머니를 대신해서 하는 집안일들도 싫었다. 언제나 동생의 작은 엄마가 되어 있는 내가 싫었다.

어머니가 재혼하기만 한다면 내게 큰 이득이 생길 것만 같았다. 간혹 우리 남매에게 선심을 베푸는 아저씨들은 나의 그런 환상을 더욱 부채질하기에 충분했다. 어머니의 결혼은 곧 어머니를 잃어버리는 것일 수도 있다는 생각을 그때는 단 한 번도 하지 못했다. 문구점에서 반지들을 본 다음날에는 아저씨들에게, 예쁜 반지를 선물하면 엄마가 좋아할지도 모르겠다는 말도 했다. 어머니의 반지는 예쁘지 않았다. 그 뿐만 아니라 반지를 낀 손가락은 늘 아파 보였다. 다식판에 꾹꾹 눌러 담겨진 반죽처럼 눌러 박은 듯이 끼워져 있던 어머니 손가락의 반지. 그 반지를 볼 때면 이유 없이 마음이 무거웠다.

나도 어른이 되었다. 어머니의 반지를 바꿔드리고 싶었다. 생신날 옥가락지를 사들고 갔다. 그러나 끼고 있던 반지가 빠지지 않아서 고생했다. 반지가 박혔던 자리가 움푹 파여 있었다. 반지를 낀 후 빼본 기억이 없던 어머니. 반지는 어머니의 일부였다. 너무 꼭 끼여 손가락이 아팠을 텐데 그 아픔조차도 의식하지 못한 채 살아왔다. 하늘로 바쁘게 가신 아버지에 대한 어머니의 예의쯤으로만 생각했었다. 적지 않은 시간이 흘렀으므로 그 예의를 소홀히 한다 하여 뭐라 할 사람은 없다고 어머니를 채근했었다. 어머니의 손가락을 힘껏 옥죄고 있는 것이 자식일 것이란 생각은 하지 못했었다. 버거운 삶을 혼자 지고 가야 하는 어머니께 재혼은 어쩌면 가장 빛나는 욕망이었을 것이다. 어린 자식은 세상을 향한 어머니의 욕망이 부풀지 못하게 하였다. 어머니의 행복이 아닌 내 생활이 풍족할 수 있으리라는 생각만 했다. 여자로서의 행복을 찾아간 어머니들도 많은데, 오직 어머니이기만을 원하셨던 내 어머니. 여인으로서의 삶이 어떤 것인지 아는 지금, 나는 내 어머니가 마음 아프다.

홀로 세상과 싸워야만 했을 어머니를 이해한다고 생각했다. 겉으로만 이해한 듯하다. 원망을 쌓아 놓고 살았다. 어머니의 삶을 반지처럼 늘 옥죄며 살아온 지난날이 부끄럽다. 그러나 어머니는 오히려 자식들이 반지처럼 자신의 일부로 있어 주었음을 행복해 하신다. 자리를 이탈하여 나쁜 길로 가지 않고 바르게 자라주어 고맙다 하셨다. 옥죄는 반지를 빼버리고 싶은 순간이 더 많았으련만, 외롭고 허전한 마음 없이 늘 행복했음을 강조하신다. 속 썩이지 않고 자라주어 고맙다고 하신다.

내 반지는 마디를 겨우 통과한 채 손가락 안에서 제 마음대로 돈다. 일을 할 때면 간혹 빠져서 잃어버리지는 않을까 염려스럽기도 했다. 늘 불편하고 성가셨다. 그래서 한두 번 빼던 것이 횟수가 늘게 되었고, 급기야는 둔 곳을 잊어버리기도 했었다.

힘겨운 생활로 인해 가슴에 파도가 칠 때면, 반지를 보며 어머니의 손가락을 떠올린다.

하루 자식

아침부터 다섯 명의 아줌마들이 바쁘다. 준비해 간 재료를 다듬고 씻고 채를 써는 등 각자 맡은 일에 열심이다. 미역국은 기본이고 밑반찬 몇 가지와 부침개에 잡채까지 한다. 이달에 생신을 맞으신 어르신은 네 분이다. 그중 한 분의 집에서 오늘 생신 행사가 진행된다. 굽은 허리로 인해 한층 더 왜소해 보이는 할머니만큼이나 작은 집이다.

좁은 공간에서 다섯 명이 움직이니 서로가 자꾸만 부딪친다. 사월의 아침이라 문 밖은 선선하지만, 내부의 좁은 공간에는 꽉

차다시피 한 사람들의 입김과, 주방의 열기로 인해 한여름을 방불케 한다. 미리 준비해 간 휴대용 버너 두 개는 현관문 밖에 펼쳐놓았다. 한쪽에서는 채소를 데치고 생선을 굽는다. 다른 쪽에서는 보름달마냥 둥근 호박에 청홍고추로 장식을 하고는 기름에 튀기듯 부쳐낸다.

동네 빵집에서 찬조 받아온 케이크가 중앙에 자리를 하고, 두 시간여 우리들이 마련한 음식들이 상을 가득 채운다. 오늘의 주인공이신 할머니 네 분과 동장님, 봉사단체 회원 몇 명이 자리를 함께한다. 축하 노래를 부르고 간단한 선물도 드린다. 그리고 서로 많이 먹으라는 인사를 한다. 할머니들의 얼굴에 웃음꽃이 핀다. 우리는 오늘 하루 이분들의 자식이 된다.

엄마의 생신도 장미가 피는 오월, 봄이다. 이 행사에 처음 참석할 때는 엄마에게 참 죄송스러웠다. 엄마의 생신을 이렇게 챙겨본 일이 없으니까. 결혼 전에는 할 줄 아는 게 없어서 미역국만 끓였다. 결혼 후에는 시어른들의 생신 상을 차리는 것은 당연하다고 생각했지만, 엄마의 생신날에는 용돈 몇 푼 보내드리는 것이 전부였다. 생신 당일 시간이 안 될 때는 그저 생신날 전후해서 뵙고 오고, 당일엔 전화 한 통만이 그저 멀리 있다는 핑계를 대신할 뿐이었다. 엄마에게도 하지 않은 효를 남의 부모에게 하고 있다는 생각에 미안하고 죄스러웠다.

세상일은 오픔 갚음일까? 엄마 생신날 여러 가지 이유로 나는 가 뵙지 못한다. 동생 내외는 생신 전에 먼저 와서 생신날 드실 음식들을 만들어 냉장고 가득 채워 놓는다. 그래도 당일 함께하지 못하니 우리 자식들은 그저 죄송할 뿐이다. 가까이 있는 이종사촌 동생 내외가 몇 해 동안 엄마 생신을 챙겼다. 어버이날 꽃도 우리들 대신 달아드렸다. 그 동생 내외가 고마워 명절 때마다 그들의 선물을 잊지 않았다. 엄마에게 소용되는 무엇인가를 살 때마다 이모 몫으로 하나씩 더 챙기기도 했다.

엄마에게 자식 손이 필요한 크고 작은 일이 생겨도 자식들은 그때그때 찾아가 해결해 드릴 수 없었다. 어쩔 수 없이 고향에 있는 친구들에게 부탁했다. 그때마다 가까이 있는 친구들은 자식들의 몫을 대신해 주었다. 내 부모 일이라도 귀찮고 싫을 수 있으련만 친구들은 오히려 자신에게 부탁해줘서 고맙단다. 당연히 자신들이 할 일이란다. 그런 친구들이 있어 감사하다. 나도 엄마도 참 복이 많은 사람인가 보다. 그렇게 엄마에게도 그날 하루 자식들이 있다.

큰 마음 먹고 하루 휴가를 냈다. 며칠 전 어르신들 생신 상을 차려드린 뒤라 고향에 홀로 계신 엄마 생각이 더욱 간절했다. 올

해도 동생네와는 시간을 맞추기 어려웠다. 동생네도 우리도 엄마가 계시는 고향까지 하루에 다녀올 수 있는 거리가 아니기에 서로 편리한 시간에 다녀가야만 했다. 동생네는 조카들과 함께 벌써 다녀갔다고 한다. 직장생활을 하는 남편 그리고 큰아이, 대학에 다니는 딸과 군대에 있는 막내, 모두 시간을 낼 수 없다고 한다. 어쩔 수 없이 혼자서 제대로 된 자식 흉내를 내 볼 요량으로 휴가를 내고 시장에 들러 찬거리들을 샀다.

차에서 꺼내놓은 짐을 본 순간 엄마의 입이 쩍 벌어진다. 먹을 사람도 없는데, 그리고 냉장고에 올케가 해 놓은 음식이 아직 많은데 이 많은 걸 언제 다 먹겠냐고 걱정하신다. 나는 그동안 틈틈이 채소며 별미를 해다 나른 옆집 할머니도 부르시라 했다. 같이 커피 마시는 친구 분도 부르시고, 이모와 이종사촌들도 부르고, 엄마가 초대하고 싶은 사람 모두 초대하시라고 했다. 내년에 또 올 수 있을지는 모르겠지만 엄마가 초대하고 싶은 사람 모두 모시라고 말씀드렸다.

조금은 거한 생신 상을 차려드리고자 주방에서 분주히 움직이는 나를 보고 있던 엄마가 말씀하신다.

"그냥 우리끼리 먹자."

내 의아한 눈빛에 엄마는 여러 가지 이유를 대신다. 엄마가 이사를 하셨으니 이모네와도 거리가 멀어져서 오히려 부담스러울 거라 하신다. 옆집은 내외라 부르기 불편하니 조금 덜어서 갖다 드리면 된다고 하신다. 노인네 생일이 무슨 큰일이라고 여기저기 소문내겠느냐, 오는 사람들이 더 신경 쓰이고 부담된다는 말씀이시다. 틈틈이 한두 사람씩 불러다 냉장고를 비우마고 하신다. 누구에게든 부담주고 싶지 않다는 엄마 평생의 삶의 원칙이 그대로 녹아 있는 말씀이다. 이런저런 말들로 설득해 보지만 내 말들은 그저 허공을 떠돌 뿐이다. 엄마의 생신 상 앞에는 그렇게 우리 두 사람뿐이었다.

누구나 가끔씩 노인들의 자식 역할을 대신해야 할 때가 있다. 내 부모가 아니니 남의 일이라 치부할 수도 있지만 이웃으로서 당연하다 생각하면 좋지 않을까.

그날 저녁 나는 고향친구들과 해후하며 엄마의 또 다른 생신 상을 대신했다.

2부

기차

기적 소리가 들린다. 기차가 지나가며 굉음이 이어지고, 땅의 울림이 온몸으로 느껴진다. 그 울림에 괜스레 마음이 설렌다. 울림이 너무나 짧다. 아쉬워서 한참 동안 그 자리를 떠나지 못했다. 도심에서는 기차를 대하기가 쉽지 않다. 그래서 '기차가 또 지나가지 않을까.' 해서 오래 기다렸다. 자동차 문을 열고 나가서 킁킁거려 본다. 옛날 어렸을 때 철로 침목에서 나던 냄새가 나지 않는다.

기차를 타본 지 꽤 오래되었다. 가끔은 아무 기차나 타고 싶다는 충동을 느낀다. 기차만 타면 될 것 같다. 멀어진 이상도 보일 것 같고, 막연하던 무엇인가가 그 안에 있을 것 같다. 그래서일까? 이상하게도 기차를 보거나 철로를 보면 나도 모르게 긍긍거리는 버릇이 있다. 언제부터 그런 버릇이 생겼는지는 알 수 없다. 어쩌면 태내에서부터인지도 모르겠다. 광부이던 아버지의 몸속에서 갱도를 따라 내려가던 철로의 움직임, 소리, 냄새, 그것은 내 삶이 용틀임하며 막 시작되는 소리였다. 연탄 가루가 섞인 기차 침목의 냄새는 첫 빛의 냄새였을 것이다. 세상의 가장 검은 곳. 그곳이 내 고향이다. 가장 검은 어둠. 의식과 무의식의 시작이다.

깜박이는 의식 저 끝에 기차 소리가 있다. 의식의 첫발은 희미한 회색빛 철로와 철들로 시작한다. 눈앞이 모두 회색이다. 눈뜨면 폐허가 된 역 광장을 지나 철로 위를 서성이며, 열심히 고철들을 모은다. 종일토록 게으름 피우지도 않는다. 누가 시킨 것도 아닌 것 같다. 그런데 그것들을 다 어찌했을까. 고철 덩이를 한 아름 안고 있던 새까만 아이만 기억 속에 존재할 뿐이다. 엿으로 바꾼 것 같지도 않다. 누군가에게 빼앗긴 것도 아닌 것 같다. 그렇게 열심히 모았던 희망 덩어리를 어쨌을까. 몽땅 잃어버렸나? 아니 어쩌면 처음부터 없었는지도 모른다.

희망의 덩어리란……. 그저 모든 것이 회색이라 알 수가 없다. 그래서 눈을 감아버렸다. 요란한 기차 소리가 잠들었던 의식을 깨운다. 눈을 뜨니 어렴풋이 반짝이는 별이 보인다.

기차 소리는 어머니의 시간표였다. 기차 소리에 잠을 깨고, 일을 하러 가고, 또 기차 소리와 함께 돌아왔다. 기차 소리는 어린 나의 시간표이기도 했다. 새벽일을 나간 어머니 대신 부뚜막에 앉아 기차 소리를 세었다. 방황하는 내 젊음을 늘 기차 소리가 깨웠다. 아침이 이만큼 밝았다고. 맑은 하늘이 기다리고 있다며 큰 소리로 용기를 주었다. 그러나 이상하게도 내 하늘엔 언제나 안개만 자욱했다. 그래서 기차가 보이지 않았다. 기적 소리만 들릴 뿐이었다.

기차가 나만의 시간표를 만들어 주었다. 온몸을 흔드는 울림에 놀라 눈을 떴다. 열심히 시간표대로 움직였다. 안개가 조금씩 걷히고 있었다. 기차가 지날 때마다 손을 흔들었다. 기차의 침목에서 나는 냄새는 엔도르핀이 솟아나게 하는 향수였고, 그 울림은 쓰러지는 나를 일으켜 세우는 힘이었다. 끝이 보이지 않게 달리는 기차를 따라 나도 함께 달리고 있었다. 멀지 않은 곳에서 붉은 태양이 이글대고 있을 것만 같았다.

기차가 사라졌다. 분명히 함께 달렸는데, 지금은 혼자다. 다시 안개가 앞을 막고 있다. 앞이 보이지 않는다. 철로도 없다. 가쁜 숨소리만 들릴 뿐이다. 그리고 그 속에 누군가 있다. 고철 덩어리를 잃어버린 아이이다. 어디로 가야 할지 방향을 모른 채 그저 엉거주춤 서 있을 뿐이다. 소리도 그림도 없는 곳에 아이만 있다.

마늘과 생강

흔치 않은 연휴다. 기회다 싶은 생각에 김치를 담그려고 시장에 들렀다. 다른 재료는 모두 샀고, 마늘만 사면 된다. 예전에는 친정어머니께서 가을에 챙겨주신 마늘을 햇마늘이 나올 때까지 먹었는데, 올겨울에는 마늘을 유난히 많이 먹었나 보다. 생강은 지난 명절에 시어머님께서 넉넉하게 주신 것이 아직껏 냉동고에 있으니 그거면 된다. 깐 마늘은 여러 이유로 믿을 수 없어서 까지 않은 마늘을 찾았다. 그러나 시장을 몇 바퀴 돌아도 보이지 않는다. 어쩔 수 없이 깐 마늘을 사다 김치를 담그고, 저녁에는 삼겹살을 구웠다.

나는 음식에 양념으로 들어간 마늘만 먹었었다. 마늘이 여러모로 좋다는 것은 알지만, 자극적인 냄새도 씹히는 맛도 싫었다. 그래서 양념으로 쓴 것 중에서도 덜 다져져서 덩어리가 큰 것은 덜어내고 먹었다. 누가 권해도 마늘은 먹지 않았다. 그러나 오늘은 남편이 몰래 상추쌈에 넣어준 구운 마늘 한쪽을 삼켰다. 맛있는 것 같았다. 내 손으로 직접 상추쌈에 넣어 다시 한 번 먹었다. 그리고 구운 마늘만 몇 개 집어 먹기도 했다. 예상외로 달콤하고 구수했다. 어릴 적 언제인가 구워 먹었던 마늘종 맛이다. 묘한 향수에 젖는다. 왜 이 맛을 몰랐을까 싶다. 구운 마늘이 좋아질 것만 같다.

마늘은 모든 음식에 빠지지 않는 양념이다. 조금 넉넉히 넣는다고 해서 맛이 크게 달라지거나 먹기 거북해지는 경우는 거의 없다. 반면 생강은 가려서 써야 한다. 조림이나 갈비 양념 등 간장이 주로 들어가는 음식에 많이 넣는 편이다. 그 외에도 고춧가루가 들어가는 탕이나 국물 있는 음식에 생강은 조금씩 넣는다. 생강은 마늘과 달라 과하게 넣으면 음식을 망치는 경우도 간혹 있다.

'나의 언행이 다른 이에게 누를 끼치지 않을까.'를 미리 생각하며 행동하는 사람이 되기를 바라셨던 내 어머니. 어머니는 내 말 한마디, 행동 하나에서 열까지 관리하고 제재하셨다. 단 하나도 내 의지대로 되는 것은 없었다. 나는 누구에게도 거슬리는 언행을 해서는 안 되었고, 늘 포장해서 말하거나 행동해야 했다. 내 의지나 생각 따위는 전혀 필요치 않았다. 철저히 타인만을 위한 교육이었다. 적어도 어릴 땐 그렇게 생각했다. 강하고 역한 마늘 냄새처럼 어머니가 싫었다. 나이가 들면서 어머니에게 반기를 들었다. 어디에서도 존재 가치를 찾을 수 없는 내가 싫었다.

어머니가 없는 나는 어떤 맛도 낼 수 없는 음식이라는 사실을 알지 못했다. 그 강하고 독한 맛이 암이나 심장마비, 뇌졸중 등 만병을 예방하는 약이라는 생각은 전혀 하지 않았다. 어머니의 그런 교육이 세상으로부터의 강력한 항균작용을 하고 있다는 생각, 나를 강하고 건강하고, 안전하게 지켜주고 있다는 생각을 그때는 하지 못했다. 단지 독한 냄새나 맛만 생각하고 어머니라는 보호막에서 튕겨져 나왔다. 자신의 내면을 살피며 타인의 마음을 읽는 법을 제대로 배우지도 못한 채…….

결혼을 했다. 시어머니는 열린 분이셨다. 화장을 하지 않고는 문밖에 나가지 않으시고, 빨간 바지에 초록색 구두를 신는 분이셨다. 딸의 결혼식 날조차도 화장하기를 거부하시고, 늘 흰색이

나 검정색 의복을 주로 입으시던 친정어머니와는 너무도 대조적인 모습이셨다. 사촌오빠들 앞에서조차 반바지 입는 것을 못마땅해 하시는 친정어머니셨다. 반대로 시어머님은 아주버님 앞에서도 제수씨가 반바지를 입어야 한다고 생각하는 분이셨다. 더운 여름에 미련하게 긴 바지를 입었다고 통박을 주시는 시어머님 앞에서 난 어찌할 바를 몰랐다. 아주버님 앞에서 어찌 감히 반바지를 입느냐는 내 말을 시어머님은 이해하지 못하셨다. 시어머님께서는 고지식한 내가 얼마나 미련해 보이셨을까.

시어머님의 말씀은 시도 때도 없이 매운 생강처럼 아리게 내 가슴에 와 깊이 박혔다. 삼십여 년 동안 내 머릿속을 지배하고 있던 가치관은 순식간에 물거품이 되는 듯했다. 파격적인 시어머니의 사고를 따라가는 것은 마치 산꼭대기에 대로를 만드는 것처럼 어렵게만 느껴졌다. 그러나 다른 것이 그렇듯 처음이 어려울 뿐이었다. 어떤 음식이든 생강이 들어가면 맛이 더 좋은 것도 같았다. 그래서 여기저기 생강을 넣기 시작했다. 그러던 어느 날 거울 앞에서 나는 낯선 여자를 만났다.

이제 나는 시어머님 덕에 사십이 넘은 나이에도 시원한 민소매 티셔츠나 미니스커트를 즐겨 입는다. 시어머님에게서 삶을 즐기는 방법을 배운다. 친정어머니에게서는 사람의 마음을 헤아리고 그를 존중하는 법을 배워간다. 어떤 양념을 언제 어떻게 써야 하는지를 나는 아직도 배워가고 있는 중이다.

마늘과 생강이 음식을 요리하는 데 없어서는 안 될 재료들인 것처럼, 두 어머니는 내 건강하고 맛있는 삶의 원천이다. 간혹 또 다른 마늘과 생강 같은 사람들을 만나는 행운이 오기도 한다. 그럴 때마다 내 삶이 한층 더 맛깔스러워진다.

스트라이크

가족 모임에서 간혹 볼링을 한다. 유독 나만 늘 게임에서 패한다. 이유가 무엇일까를 여러 번 생각해 보았다. 어릴 때부터 무거운 것을 잘 들지 못했다. 학교 다닐 때도 원반던지기는 늘 기본 점수도 안 되었다. 어쩌면 그래서 농구도 핸드볼도 길게 할 수 없었는지도 모른다. 육 학년 때 담임선생님은 체육 담당이셨다. 큰 키만 보고 농구와 핸드볼을 하라고 말씀하셨던 선생님께서 웬일인지 일주일도 안 되어서 넌 이제 그만 나와도 되겠다고 하셨다. 영문은 알 수 없었지만 그저 힘들었던 운동을 그만해도 된다는 것만 좋아서 아무것도 여쭤보지 않았다. 이제와 생각해보니 팔 힘이 약했던 때문인 듯하다.

팔 힘이 약하니 공을 잡은 손이 자꾸만 아래로 처진다. 자세를 바르게 하고, 힘주어 공을 잡았다 던져도 대부분 고랑으로 빠지고 만다. 내가 들어간 팀은 언제나 지기만 하니까 빠지려 해도 다들 허락하지 않는다. 그래서 이제는 볼링이 아닌 탁구로 게임 종목을 옮기고자 한다. 나 하나로 인해 모두가 좋아하는 운동을 그만두고 어쩔 수 없이 다른 종목으로 바꾸는 것이 미안하고 민망하다. 이제라도 팔 힘을 기르는 운동을 하고 볼링장도 더 자주 가 팔 힘을 길러본다. 하지만 영 쉽지가 않다. 역시 많은 시간과 노력이 필요한 것 같다.

볼링은 공을 어떻게 던지느냐와 힘의 양이 중요하다. 그래서 공의 무게도 어느 정도 있는 것이 좋다고 한다. 어떻게 던지느냐는 곧 요령과 기교가 아닌가. 공이 곧게 굴러가야 스트라이크가 나올 것 같은데, 볼링 선수들의 게임을 보면 공이 바로 가서 만점이 나오는 경우보다 굽어서 가야 만점인 스트라이크가 나오는 경우가 많은 것 같다. 그러니 그것은 어쩌면 완벽한 기교의 승리인지도 모르겠다.

참 오랫동안 여러 사람에게 내 이야기를 해 왔다. 처음엔 누군가 내가 힘들었다는 것과 지금까지도 잘 견디고 있다는 걸 알아주었으면 좋겠다는 생각이었다. 나를 이해하는 사람, 내 편이 되어주는 누군가가 이 세상에 단 한 사람만이라도 있으면 그것으로 족할 것만 같았다. 그리고 언제부터인가는 누워서 침 뱉기라도 우선은 수다라도 떨어야만 견디겠기에 누구든 이야기 상대가 생기면 그가 날 이해하든 말든 내 삶을 주저리주저리 떠들어댔다. 들고 있던 볼링공이 너무 무거워 내려놓아야만 하듯, 아무 기교도 부리지 못했다. 힘에 겨워 그렇게 무거운 공을 내려놓았을 뿐이었다.

평소에 좋아하던 언니를 만났다. 이야기 도중 우연히 내가 들고 있는 공이 너무 무거워 던져버렸다. 아무 감정 없이, 계산 없이 그렇게 던졌을 뿐인데, 그녀 가슴에 공이 명중했나 보다. 아직은 기교를 부릴 만큼 말솜씨가 능숙해진 것은 아니다. 그렇다면 시간의 흐름이 공을 감당할 만큼의 힘을 내게 준 것인가. 전혀 예기치 못한 일이었다. 그녀는 자신의 훌쩍임을 들키지 않으려 했다. 공이 제대로 맞아주기를 바라며 던진 그 많은 어휘들은 고랑으로 흔적 없이 사라지고 없는데, 힘없이 떨어트린 공이 열 개의 핀을 남김없이 무너뜨린 것이다.

"너 참 많이 힘들었구나."

그녀가 무슨 말을 하고 있는지 더 이상 아무것도 생각나지 않았다. 나는 빛을 보았을 뿐이다. 한없이 반짝이는 희망의 빛, 내 삶이 반짝이는 희망이 되고 있었다. 과녁을 겨냥한 것이 아니었다. 바람의 방향이나 세기를 계산해서 시위를 당기는 것 같은 언변은 더욱이 없다. 그저 무거운 공을 힘없이 던졌을 뿐이었다. 그 공을 언니는 온 가슴으로 받았다. 정리되지 않았던 내 가슴속의 응어리들이 모두 녹아내리고 있었다. 그녀는 내 가슴속에서 수없이 많은 길이 되고 있었다. 무색의 언어 속에서 감정을 찾고 색을 찾는 것은 어쩌면 그녀만이 할 수 있는 것일지도 모르겠다.

지금은 기계가 해주는 단순한 작업인 볼링 핀을 세우는 일, 그것은 내가 다른 사람의 언행을 받아들일 준비를 하는 것은 아닐까. 준비되어 있지 않은 라인에 공을 던질 필요는 없는 것이다. 상대를 향해 마음을 열어야 그 사람의 진심이 보이듯, 나는 열 개의 핀을 모두 세우고 기다리고 있는 것인가. 내 마음 어디 한 곳이라도 부족하거나 비뚤어진 곳은 없을까 살펴본다. 행여나 부족하거나 비뚤어지거나 깨지거나 찌그러진 핀은 없을까. 내 앞에서 있는 이의 진심을 받을 준비가 얼마만큼 되어 있는가. 커다란 아픔으로 그가 굴러 온다 해도 온몸으로 기꺼이 받을 준비가 되어 있기는 한가에 대해서 다시 한 번 생각해 본다.

항상 준비되어 있는 사람이 되고 싶다. 그녀처럼…….

화초

정성스럽게 화장을 한다. 고운 옷을 골라 입는다. 반겨줄 사람도 기다리는 사람도 없다. 아무도 찾지 않는 황량한 사무실, 붙박이 가구처럼 앉아 오지 않을 누군가를 기다린다. 겨우 현상유지만 하고 있는 일을 접을 것인지 고민 중이다. 아무리 애를 써도 매출은 늘 제자리걸음이다. 수완과 자질이 없음을 알면서도 버티고 있다.

수선화 화분이 눈에 띈다. 꽃이 필 시기이건만 벌써 몇 년째 꽃은 피지 않는다. 공들인 만큼 이파리만 피둥피둥 살이 쪘다.

꽃 피울 다른 방법이 떠오르지 않는다. 내 머릿속에 핀 잡초 같다는 생각이 스치고 간다. 가위를 들고 대책 없이 뿌리 바로 위까지 잘라버린다. 그러고는 물을 듬뿍 준다. 꽃이 피기를 바라는 마음을 넘치도록 부어 본다.

잠시 후 후회가 밀물처럼 밀려온다. 잘 자라는 걸 괜히 잘라버린 건 아닐까. 소독도 하지 않은 가위로 잘라버려서 몸살을 앓으면 어떻게 하나. 다른 방법을 생각해 볼 걸 몹쓸 짓을 하였구나. 그러나 이젠 늦어버렸다. 또 대책 없이 기다리는 것 외의 다른 방법은 없다.

지인에게서 전화가 왔다. 그녀의 목소리에서 생명력이 빠져 나가는 듯 힘이 없다. 지인은 봉사활동을 많이 한다. 독거노인들에게 가끔씩 반찬을 만들어드리는 모임도 있다. 동네 지킴이 역할을 하고 우범지역 선도 활동도 한다. 넉넉지 못한 환경이면서도 자비를 들여서까지 여러 가지 봉사활동을 하고 있다. 그렇게 좋은 일을 많이 하면서도 지인은 자신이 하는 일을 전혀 내세우지 않는다.

아니 오히려 자신의 이름자에 그런 뜻이 있기에 어쩔 수 없이 하는 것이라고 말한다. 자신의 손금이 단명할 것을 예고하고 있기에 오래 살고 싶어서 하는 일이라고 말한다. 어쩌면 처음엔 그런

이기적인 마음이 지인에게 그 힘든 일들을 시켰는지도 모른다. 그러나 지금의 지인은 자신의 봉사활동을 자랑스러워하고 보람 있어 한다. 지인의 어디에서도 이기적인 부분은 보이지 않는다.

지인은 요즘 다른 일로 고민 중이다. 회사에서 불성실한 직원을 해고 할 것이니 그 상대를 팀장이 지목하라는 것이다. 상사의 말인 즉, 직원들의 업무평가를 하는 일일 뿐이라고 하지만 팀장인 그녀에게는 세상 무엇보다 난감한 일이다. 물론 정말 꼭 해고하고 싶은 팀원이 있는 것은 사실이다. 일을 거의 하지 않는 것만으로도 그들은 해고 대상이 될 수 있다. 하지만 그런 건 문제가 되지 않는단다. 그들의 진짜 문제는 동료들 간에 불화를 만든다는 것이다.

회사보다는 개인이 우선인 그녀들이다. 회사에서 규칙으로 정해 놓은 사항들을 아무렇지 않은 듯 제 멋대로 어긴다. 자신들이 편리한 대로 모든 상황들을 끼워 맞춘다. 같은 상황이라도 자신들에게 적용되어 불리하면 타당하지 않은 것이고 동료에게 적용되어 자신들에게 이로우면 당연하다고 말한다. 상식이 통하지 않는 두 사람이다.

고민 끝에 지인은 과감히 가지치기를 하기로 했다. 큰 사건 몇 가지를 상사에게 이야기했다. 상사는 두 사람을 모두 해고하고자 했다. 지인은 끝까지 한 사람이라도 지키고 싶었다. 어찌되었건 자신의 울타리로 들어온 사람인데 두 사람 모두를 품을 수 없다면 한 사람이라도 품고 싶다고 했다. 상사가 말했다. 상처는 크고 깊게 도려내야 하는 것이라고, 그렇지 않으면 그 상처가 또 다시 곪아서 회복할 수 없는 상처를 만들기도 한다고.

지인은 상사의 말에 굴하지 않았다. 처음부터 나쁜 사람은 없으니 더 큰 상처를 만들지 않을 것이라 끝까지 설득했다. 자신이 지켜낸 그녀가 변할 수 있으리라 믿고 싶었다. 어쩌면 그녀로 인해 또 많은 사람들이 아파할지도 모르겠으나, 아프면서 서로 성장해 간다는 통속적인 말에 의지하고도 싶었단다.

그녀를 지켜내는 것이 얼마나 어려운 일이었는지를 나는 안다. 하지만 정말 많은 시간이 흘렀음에도 오십 년 넘게 고착된 그녀 생각의 뿌리는 바뀌지 않고 있다. 정성을 다하면 조금씩이라도 변화될 거라는 지인의 믿음에 내 마음이 시리다. 지인이 상처받고 다칠까 걱정하며 화분을 바라본다.

놀랍게도 며칠 새 파릇하니 싹이 다시 자라고 있다. 향기가 없어도 좋다. 아름다운 꽃이 피지 않아도 괜찮다. 잡초 같은 이파리만이라도 다시 무성해지길 바란다. 그리고 언젠가는 다시 꽃이 필 것이라 기대한다. 지인도 지금 나와 같은 마음이리라.

할미꽃

봄이다. 화초 관리를 잘하지 못한 탓에 비어 있는 화분이 많다. 새로운 꽃을 사다 심을 생각으로 꽃집을 다녀보았지만 마땅한 것이 없다. 시장도 몇 번을 돌아보았지만 마찬가지다. 꽃씨를 심어야겠다는 생각에 인터넷을 뒤져 여러 가지 꽃을 검색한다. 그러다 할미꽃 구근을 분양한다는 카페가 있어 반가운 마음에 들어가 보니, 이미 분양이 끝나버렸다. 아쉬운 마음으로 카페 이곳저곳을 둘러보니 유익한 정보가 많다.

할미꽃은 4-5월에 꽃대 하나에 한 개씩의 검은 자주색 꽃망울을 터뜨린다. 꽃이 진 자리에 암술의 날개가 기다란 은발처럼 자라 백두옹이라 불리기도 한다. 할미꽃은 민간에서 약재로 많이 쓰인다. 복통, 두통, 이질 등에 효과가 있으며, 살균, 살충, 해열, 해독작용에도 탁월한 효과가 있다. 최근에는 여러 가지 암을 치료하는 주재료로 쓰이기도 한다. 어느 약초 연구가는 할미꽃이 뇌질환을 다스리는 데도 특별한 효능이 있다고 했다. 그러나 뿌리에는 강한 독성이 있어서 조심해서 사용해야 한다. 이런 점을 이용해 옛날에는 재래식 화장실에 할미꽃 뿌리를 넣어 벌레가 생기는 것을 막기도 했다.

난 할미꽃을 유난히 좋아한다. 할미꽃은 화려하지도 소란스럽지도 않다. 검붉은 꽃망울마저 부끄러운 듯 하얀 털옷으로 온몸을 감싸고 있다. 양지바르고 건조한 곳을 좋아해서인지 주로 산소 옆에서 많이 자생한다. 자신을 내보이지 않으려는 듯 조용히 고개 숙이고 있는 할미꽃을 보면 왠지 마음이 푸근해진다. 그래서인지 할미꽃을 보면 꺾고 싶은 마음을 자제할 수가 없었다. 땅속 깊이 뿌리를 내려 잘 뽑히지 않는 꽃을 억지로 꺾어들고 산을 내려오고는 했다.

“따르릉”

격앙된 어머니의 목소리가 전화선을 타고 흐른다. 안부를 묻는 동안 감정을 절제하는 듯하더니 이내 언성이 높아진다. 외할머니에 대한 어머니의 감정들이 차가운 눈발이 되어 흩날린다. 할머니를 이해해 드리면 되지 않겠느냐고 해보지만, 역시 나는 아무것도 모르는 사람이 되고 만다. 한 다리 건넜기에 그렇게 생각하는 거라고 한다. 할머니의 깊은 병에 상처받는 사람이 비단 내 어머니만은 아닐 것이다. 이모나 삼촌들 역시 마찬가지일 것이다. 그러나 가장 많은 상처를 받는 것은 역시 할머니를 모시고 있는 삼촌과 숙모일 테고, 여덟 남매의 맏이인 내 어머니일 것이다.

외할머니는 어렵고 힘든 세월을 사셨다. 해방과 6 · 25를 겪은 당시 세대는 누구나 그랬다고 우린 생각한다. 그땐 그렇게 살 수밖에 없었다고. 그러나 우리가 그 시대에 살았어도, 우리가 할머니나 할아버지처럼 그렇게 늙었어도, 지금처럼 생각할 수 있을까. 할머니는 자신이 살아온 인생이 억울하고, 아깝다고 생각하는 병에 걸리셨다. 되돌릴 수 없는 청춘이 서럽고, 누구 하나 자신을 알아주지 않았던 세상이 야속한 것이다. 젊은 시절 할머니는 할미꽃처럼 묵묵히 사셨다. 절대 고개를 들어 자신의 색깔을 드러내지 않으셨다. 할아버지 병 수발을 하면서도 내색하지 않으셨던 분이다. 많이 외로우셨으리라. 두 분 외삼촌들까지 결혼을 하고, 아들네서 내내 행복해 보이셨다. 그러나 언제부터인가 할머니의 병세가 심각해지기 시작했다. 갑자기 자신의 색을 강하게 내보이기 시작한 것이다. 작은 일이라도 당신께 상의하고 맞춰주어야 하는데 그러지 않는다는 것이 할머니의 불만이자 자식들이 힘들어하는 부분이다. 척박하고 건조한 곳에서 잘 자란 할미꽃. 아름다운 꽃도 줄기도 잎도 모두 주었지만, 마지막 무서운 독은 주지 말지, 그것마저 모두 주려나 보다. 할머니의 너무 진한 색에 자식들이 병들어간다.

할미꽃의 꽃말은 슬픔과 추억, 그리고 사랑의 배신이다. 할미꽃의 꽃말을 바꾸고 싶다. 사랑과 희생으로…….

수족

난치병 환자들의 투병생활을 그린 방송국 텔레비전프로그램을 자주 보는 편이다. 불치병으로 고생하는 환자와 가족들의 하루하루 생활을 보면서 눈물을 참 많이 흘렸다. 불치병, 어려움은 언제나 가진 것 없고 힘없는 자들의 것이라는 생각이 든다. 조금은 미안한 일이지만 그들을 보며 오늘의 나를 감사한다. 힘들고 어려울 때 그들은 내게 용기와 희망을 주는 역할을 한다. 육신이 멀쩡하면서도 남을 도운 적이 없어서 미안한 생각도 든다. 누군가를 도울 수 있다는 생각마저도 진지하게 해 본 적 없이 살아온 나이기에 더 미안하다. 내게 주어진 환경도 만만찮다고 여기며 살았다.

며칠 전에는 남편이 십여 년 동안 부인의 수족이 되어 살아온 부부의 삶이 잔잔하게 그려졌다. 칠 년 동안 수족만 쓰지 못하였지 정신은 살아있어서 교감을 나눌 수 있었다. 그러나 이 년여 전부터는 정신마저 온전치 못한 식물인간으로 살아가는 부인의 모든 것이 되어 남편은 살고 있다. 그래도 그녀가 살아 있어 행복하다 한다. 그의 밝은 미소가 햇살처럼 부서졌다.

사람들은 은연중 자신의 수족을 아끼며 사용하지 않으려 한다. 아껴둔다고 보석이 되지는 않건만 상대가 자신의 수족이 되어 묵묵히 모든 일을 처리해 줄 것만을 바란다. 이것을 단순히 사랑의 부재나 이기에 찬 개인주의의 영향에서 비롯되었다고 할 수만은 없을 것이다. 내가 만약 남편의 수족이 되어 그렇게 오랜 세월을 보내야만 한다면 기쁜 마음으로 해낼 수 있을 것인가를 자문해 본다. 할 수 있다는 대답이 선뜻 나오지 않는다. 그들만의 사랑의 깊이를 가늠할 수 없다.

텔레비전을 보면서 내가 사는 동리의 유난히 사이가 좋은 잉꼬 부부가 떠올랐다. 이십 년이라는 긴 세월 위험한 줄타기를 한 그들임에도 어디를 가든 늘 붙어 다닌다. 그러나 그들이 찰떡궁합이 된 것은 얼마 되지 않은 일이다. 이제는 거름이 된 그들의 추억을 잠시나마 되짚어 본다.

결혼 초부터 시작해 두 해 전까지만 해도 그들 부부의 삶은 피해자와 가해자의 삶이었다. 남편은 술주정과 폭력에 도박까지 하더니 끝에 가서는 바람까지 피웠다. 부인은 그저 참고 기다리기만 하였다. 아니 그녀는 자신의 상처보다는 남편의 아픈 곳을 찾아 치료하기를 게을리하지 않았다. 행여 자신이 남편을 아프게 하지는 않았는지 늘 살피고 조심하였다. 그런 그녀가 바보 같아 보였다. 늘 답답해 보이던 그녀에게 충고를 했다. 그렇게 정성을 다한다고 떠난 사람이 돌아오겠느냐, 싫다고 간 사람 잊어버리고 새로운 사랑을 찾아라, 늙어서 돌아오면 아까운 청춘은 어디서 보상받나, 자신의 생활을 찾아라 등등…….

살바람 같은 그녀의 감정들이 쏟아져 나왔다.

"그 사람은 내 수족이야. 한쪽 다리가 뒤틀렸다고 떼어서 버릴 수는 없잖니? 손가락 하나가 굽어져 쓸모없다고 잘라버릴 거니?"

이미 썩어가는 수족이라면, 아니 벌써 썩어버린 것이라면 다른 수족으로 균이 옮아가기 전에 잘라버려야 옳은 것이 아니냐는 내 반박은 이어지는 그녀의 말에 여지없이 무너지고 말았다. 만약 그가 썩어버린 수족이라면 그 역시 자신의 잘못이라고 했다. 그녀는 남편을 믿노라고 했다. 아직 썩지 않았으므로 병든 다리를 성하게 만들 거라 했다. 병원에도 열심히 가고, 햇볕도 쪼이겠다고 했다. 아픈 상처를 핥아 세균이 못 들어가게 하겠노라고 했다.

나는 더 이상 아무 말도 할 수 없었다.

남편이 힘들게 할 때마다 헤어질 궁리부터 했었다. 이혼 도장만 찍으면 모든 아픔이 사라지는 것으로 착각하고 살았다. 어찌하면 상처를 덜 받고 헤어질 수 있을까에 대해서만 생각했다. 노력해서 잘 살아 보아야겠다는 생각보다는 떠날 생각을 늘 앞세우고 살았던 것이다. 그녀는 남편이 손톱을 세우고 할퀴어 살이 패고 피가 흘러도 아프다는 말 대신에 충실한 수족이 되어주지 못함을 자책하고 있었다. 그녀의 가슴은 속 빈 강정이 되어 있을 거라며 충고를 늘어놓은 내가 오히려 속 빈 강정이라는 걸 깨달았다.

얼마 후 그녀의 남편은 어떤 사람보다 자상한 남편으로 돌아왔다. 그녀를 떠나 있었던 시기에 그의 주변 그림자들은 그에게 있어 추운 겨울 그저 잠시 내렸다 녹는 눈이었다고 한다. 내리는 모습이 아름다운 눈. 한동안 눈사람도 만들어 보고 눈싸움도 하며 즐거웠단다. 그러면서도 늘 푸른 소나무 같은 아내가 그리웠단다. 그녀가 그리워 돌아오고 싶어도 지나온 그림자가 미안하여 돌아오기 힘들었다고 했다. 그녀는 부지런히 수족을 놀려 그가 돌아올 길을 열심히 쓸고 닦아 놓았다. 그가 어려워하지 않고 미안해하지 않으며 진정으로 고마워하며 제자리에 돌아오게끔 진심으로 아껴 주었다. 봄 햇살처럼 부서지는 그녀의 미소 아래서 눈은 더 이상 그 아름다움을 간직할 수 없었고 그녀의 남편은 차가운 눈 속에서 벗어났다. 이제는 서로가 서로의 수족이 된 듯 열심히 살고 있는 그들이다. 상처받은 그녀의 영혼을 하루하루 채워주고 있는 그녀의 남편이 밉지 않다.

텔레비전에서 봤던 부부의 애잔한 사랑이나 동리에서 사는 그녀의 헌신적인 사랑이 아름답다. 서로에게 자신의 수족이 되어 달라고 말한 적 없어도 스스로 되어준 상대방의 배려. 남편이 내게 베풀어주기만을 바라던 마음이 부끄러워진다. 이제부터라도 내 수족을 부지런히 움직여 우리만의 이야기를 만들어가겠다는 다짐을 해본다.

3부

말의 사계

밤새 눈이 많이 내렸다. 온통 하얀 세상이 참 좋다. 나 자신까지 같이 흰색으로 동화되어버릴 것만 같다. 아이들을 깨운다. 춥다고들 아우성이다. 난방을 넉넉히 하지 않는 어미를 원망하는 소리가 드높다. 거기에 덧붙여 빨리 봄이 오고 여름이 왔으면 좋겠다고들 한다. 여름엔 또 빨리 가을이 오고 겨울이 오기를 기다리겠지. 나 역시 사계절이 모두 좋다. 특색이 없다고 해도 상관없다. 봄은 움츠렸던 활개를 활짝 펼 수 있어 좋고, 여름은 덥지만 아름다운 산과 들이 있어 좋고, 가을은 모든 것이 풍성해서 좋고, 겨울은 춥지만 새하얀 눈 때문에 운치 있어 좋다.

막내 아이의 개구쟁이 짓을 탓하며 손세탁을 해야만 할 빨랫감을 들고 욕실로 들어갔다. 대부분의 겨울옷은 물을 먹으면 감당하기 힘들 만큼 무겁다. 그중에서도 오리털 점퍼는 더 무겁다. 며칠 전 옆자리 직원이 던진 한마디 말이 물 먹은 오리털 점퍼처럼 무겁게 머릿속을 맴돌았다. 그녀의 의중을 몰라 자꾸만 곱씹어 보았다. 처음엔 생각 없이 던진 말이겠거니 했다. 그러나 기분 나쁘고 속이 상하는 건 시간이 갈수록 더했다. 무엇이건 쉽게 흘려버리지 못하는 내 성격 탓이겠거니, 하는 생각도 해 보았다. 잊어버리고 싶지만 잊히지 않는 말이다. 생각할수록 뭔가 오해가 있지 않나 싶었다. 오해가 있다면 풀고, 무너진 자존심도 다시 회복해야겠다는 생각에 그녀를 찾았다.

그녀의 반응은 놀라웠다. 자신이 어떤 말을 했는지도 모르고 있었다. 왜 그런 말을 했느냐고 따져 물었더니, 자신이 그런 말을 한 기억은 없지만 했다고 하더라도 뭘 그런 걸 가지고 따지고 상처받고 하느냐고 한다. 어이가 없었다. 나는 내가 말을 가려서 들을 줄 아는 사람이라 생각했었다. 나름대로는 최대한 상대의 편에서 생각하고 이해하려 노력했다. 스치는 바람도 낙엽의 행로를 결정짓는 중요한 역할을 할 수 있다. 그러므로 말을 함부로 해서는 안 된다는 것이 내 철칙이었다. 듣는 것 역시 내 편에서만

들어서는 의사소통이 원만하지 않다.

말은 가려서 하는 연습뿐 아니라, 가려서 듣는 연습도 계속해야만 할 것 같다. 십대 이십대는 젊다. 그들의 말에는 무게가 실려 있지 않다. 얇고 가볍다. 그러나 때로는 후텁지근하다 못해 기분 나쁘게 끈적거리며 눅눅하기도 하다. 여름 더위가 그 속에 있다. 짜증과 화가 솟구친다. 그러므로 스스로 냉방장치를 가동하지 않으면 간혹 폭염 같은 말에 질식해버릴 것 같기도 하다. 그러나 때론 여름 빨래처럼 금세 마음을 가볍고 깨끗하게 할 수 있어 좋기도 하다.

삼사십대의 말은 가을을 닮아 있다. 모자란 듯 풍족하고 풍족한 듯 부족하다. 아침저녁 쌀쌀하고 춥다가도, 한낮의 햇살은 여름처럼 따갑다. 상대에 따라 말이 달라진다. 삶의 무게를 느끼므로 처세의 방법을 생각하기 때문인지도 모르겠다. 가을 단풍처럼 갖가지 형색의 언어를 구사한다. 그러므로 이들의 말은 단풍잎인지 은행잎인지 붉은색인지 노란색인지 구별하며 들어야 한다. 산을 볼 것인지 나무를 볼 것인지도 생각하며 들어야 한다.

오십대나 육십대의 말은 겨울옷 같다. 상대를 포근히 감싸준다. 그들이 살아온 날들 하나하나, 언어들 하나하나가 모아져 따뜻한 방한복이 되어준다. 그들 앞에서 내 옷이 무겁게 느껴진다면, 그만큼 내 몸과 마음이 오염되어 있다는 뜻이다. 오염된 몸과 마음을 느낀다면 그들의 조언이 가끔은 물먹은 오리털 점퍼처럼 느껴질 수도 있을 것이다.

칠팔십대의 말은 봄이다. 그들에게는 언 땅을 녹이고 새순을 돋게 하는 힘이 있다. 그 깊은 뜻을 몰라 때로 우리는 성급히 여름옷을 내어 입기도 한다. 언 땅을 녹이는 힘을 모른 척하고, 혹한을 물리치는 방법도 알려고 하지 않는다. 때로는 힘들고 아프다는 핑계로 옳은 것을 봐도 못 본 척 들어도 못 들은 척하기도 한다. 그러나 사람답게 사는 것은 그 아픔을 피하지 않고 그것마저 잘 소화해 내는 것이 아닐까 한다.

하나의 계절만 있다면 지겹고, 힘들고, 재미도 없을 것이다. 네 계절이 있어 다음 계절을 기다리는 설렘과 기대감이 있듯이 언어에도 사계절이 있기에 서로의 만남이 설레고 기대되는 것은 아닐까. 누구나 자기 나이에 맞는 말을 하지는 않는다. 자연의 변화가 계절을 조금 늦추기도 하고 또 빨리 오게 하기도 하듯이, 개인의 인성에 따라 또는 상황에 따라 조금씩은 다를 것이다. 사람은 제 나이에 맞는 얼굴을 하고 있어야 한다는 이야기를 들은 적이 있다. 마찬가지로 언행도 나이에 어울리게 해야 하지 않을까. 말의 계절을 생각한다면 우리는 세상을 좀 더 재미있고 즐겁게 살 수 있지 않을까. 오늘 내가 하는 말은 어느 계절을 닮아 있는지 생각해봐야겠다.

우리 집 할배

해님은 근 일주일이나 깊은 잠을 자고 있다. 급한 볼일을 보듯 아주 잠깐씩만 얼굴을 드러낸다. 비들하게 힘없이 흔들리던 식물들이 활기를 찾는다. 기분 나쁜 눅진함에 더위도 잠시 주춤거린다. 이런 날씨에는 파전에 막걸리가 제격이다. 그러나 우리 집은 할배가 있어 파전은 나중이다. 씹기 편한 호박전부터 시작한다. 일단 먹기 시작하면 호박전으로 배를 불린다. 그러고 나면 파전이나 김치전을 먹기에는 부담스럽다. 그러니 두세 가지 부침을 함께 상에 내야 하지만 한 번에 만들자니 번거롭다. 그래서 대부분은 호박전에서 그치거나 김치전이나 파전 한 가지만 더할 때도 있다.

우리 집 할배는 치아가 부실하다. 젊어서부터 술과 담배를 많이 좋아했다. 그뿐만 아니라 초콜릿이나 사탕 등 치아에 좋지 않은 것은 죄다 섭렵하는 듯했다. 끼니 사이사이에 과자 같은 간식도 빼 놓지 않고 꼬박꼬박 챙겨 먹었다. 잠자리에 들기까지 그의 그런 주전부리 사랑은 끝이 없었다. 아이 같다는 둥, 그러다 금방 할배가 될 거라는 등의 내 핀잔이나 놀림쯤은 아랑곳하지 않았다.

그러다 언제부터인가 사탕을 먹지 않고 초콜릿도 먹지 않았다. 딱딱한 음식도 피했다. 먹을 수 있는 음식이 유동식뿐이니 영양을 고루 섭취하지 못한 그는 젊은 할배가 되었다. 그렇게 할배가 되어 버린 것이 그의 식습관 탓이라고 생각했었다.

어느 날인가 한참 뜨고 있는 드라마 속 주인공을 보며 우리 집 할배가 말한다.

"쟈가 가다. ㅇㅇ이란 말이다, 기억나나?"

그의 말을 따라 희미한 기억 한 조각을 잠시 꺼내본다. 우리 부부가 막 연애를 시작할 무렵 극단에 들어와 한동안 함께 활동했던 후배다. 우리가 부부로서의 삶을 막 시작할 즈음 그 후배는 서울로 갔다. 상경하기 전 자기가 배우로서 성공하겠냐는 그의 진지한 물음에 반드시 성공할 거니까 꼭 서울로 가라고 답해줬다. 후배는 상경했고 거짓말처럼 성공했다. 그리고 어느 날부터인가 영화와 드라마를 종횡무진으로 많은 활동을 하고 있다. 후배가 등장할 때마다 우리 집 할배는 자기 일처럼 좋아한다. 옆에 누구라도 있으면 자신이 아끼던 후배라며 자랑을 늘어놓는다. 그런 그에게서 놓쳐버린 꿈에 대한 아쉬움이 설핏 보인다.

홀어머니의 장녀로 살아온 내 어릴 적 삶이 질경이였다면, 공무원인 아버지 아래서 조금은 유복하게 자란 우리 집 할배의 어린 시절은 온실 속의 화초였다. 그 온실의 화초가 결혼과 동시에 온실 밖으로 내던져진 것이다. 온실 속에서 곱게 자라던 우리 집 할배는 갑자기 세상으로 던져져 온갖 비바람을 맞으며 살아냈다. 제때 식사를 챙겨 먹을 시간도 아껴가며 일하는 가장이 되었다. 경제가 여유롭지 못하니 마음 또한 느긋하지 못하였으리라. 다섯 식구 가장이라는 부담감에 많은 불면의 밤을 새기도 했으리라.

오랜 시간이 흘렀고 우려했던 사태가 벌어졌다. 우리 집 할배에게는 성한 치아가 별반 없다. 고기도 못 먹어, 김치도 못 먹어, 콩나물 같은 채소도 먹지 못하겠다고 한다. 건더기 없이 멀건 국, 두부반찬, 계란찜, 계란국, 부드러운 죽 등 치아에 부담 없는 유동 음식만 찾는다. 치과에서 제대로 된 치료를 받으라는 가족들의 성화에 오히려 화를 낸다. 아직은 때가 아니라는 그의 말 속에 쉴 수 없는 가장으로서의 책임감이 느껴진다. 어느 날인가는 참기 힘들었던지 치과를 다녀왔나 보다. 틀니를 할까 인공치아를 해 넣을까를 심각하게 고민하는 것 같더니 또 거기서 만다. 시간을 낼 수 없다는 것이 이유다.

일을 줄이라고 사정한다. 심심하지 않을 정도로만, 운동 삼아 하면 어떻겠냐고 해 본다. 회사에서 그렇게 두지를 않는단다. 그러면 여유를 가질 수 있는 다른 일을 찾아보자고 했다. 늙어서 써 줄 곳이 없을 거란다. 그럼 다른 대책을 찾아보자고 설득한다. 고집 부리면 심각한 영양부족으로 또 다른 병이 올지도 모른다는 협박도 한다. 치과를 무서워하는 어린애냐고 으름장도 놓는다. 젊은 날의 그 늠름한 내 남편은 어디가고 쭈글쭈글한 가죽과 뼈만 남은 할배가 있다고, 내 남편을 돌려달라고 시위 아닌 시위도 한다. 그러나 그는 아직 할 일이 많다고 말한다. 여의어야 할 자식도 있고 노후 준비도 해야 하는데, 라며 말끝을 흐린다. 그런 그가 안쓰럽고 고맙다. 그가 장난 삼아 말한다.

"내 젊은 오빠 아이고, 할배라도 괜찮제."

오십이 갓 넘은 나이에 할배가 되어버린 그를 나는 사랑하지 않을 수 없다. 내 반쪽이니까. 온실 밖에서 함께 모진 풍파를 겪었으니까.

책장 한편에서 빛바랜 대본과 팸플릿들을 꺼내 본다. 총각시절 시골동네에서 조금은 화려했던 우리 집 할배가 거기 있다. 우리 집 할배처럼 그 꿈도 그렇게 빛이 바래 있다. 우리 집 할배가 가난한 예술가의 길을 포기하고 나를 선택했을 때 나는 혼자만의 다짐을 했었다. '언젠가는 반드시 내가 쓴 대본으로 당신을 무대에 오를 수 있게 해 줄게.' 그러나 생활에 치이면서, 또 내 글이 방향을 옮겨가면서 그 다짐은 길을 잃어버렸다.

하지만 우리 집 할배가 다시 꿈꿀 수 있도록 이제부터라도 꿈의 씨앗을 하나씩 다시 심어 보련다.

"우리 집 할배 사랑한데이."

지렁이

화분에 심은 방울토마토가 튼실하다. 알이 굵고 많이 열렸다. 아이들의 환호가 대단하다. 몇 년 만에 거둔 성공이다. 첫해에는 열매도 없이 키만 훌쩍 자랐었다. 이듬해에는 여기저기 자문을 구했다. 토양에 문제가 있나 싶어 꽃집에서 좋다고 하는 흙을 썼다. 비료도 주고 영양제도 주었다. 그럴수록 키만 장대같이 자랐다. 어쩌면 베란다 창문이 높아 바람을 쉬 받지 못해 물관작용을 하지 못해서인지도 모른다는 생각에 베란다 밖 장독대에도 내놓아 보았다. 그렇게 애쓴 탓인지 대여섯 개의 열매는 얻을 수 있었다. 그러나 토마토 모종은 여전히 키만 커갈 뿐이었다. 급기야는 베란다 천장까지 가지를 뻗고 섰다. 같은 실패를 되풀이하고 싶지 않아 올해는 더 많은 신경을 썼다. 그러다 우연한 기회에 지렁이에 대해 알게 되었다.

요즘은 지렁이 농법을 많이 쓴다고들 한다. 지렁이는 음식물을 먹을 때 많은 양의 흙과 모래, 작은 자갈들도 함께 섭취한다. 매일 음식과 흙을 그 자신의 무게만큼 먹고 내보낸다. 부패한 생물체를 먹이로 하면서도 양질의 토양을 만들어 낸다니 참 신기하기만 했다. 그러나 보기만 해도 징그러워 멀리 도망치고 마는 나로서는 지렁이를 화분 속에 넣는다는 것이 여간 어려운 일이 아닐 수 없었다. 그래서 남편을 졸라 어렵게 지렁이를 구해 토마토 모종 아래 구덩이를 파고 묻었다. 올해의 방울토마토 농사가 성공을 거둔 것은 부지런한 지렁이 덕분인 것 같다.

내 가까이에도 이렇게 부지런하고 고마운 사람이 있다. 나보다 몇 살 위인 언니는 몇 해 전 배움의 장에서 만났다. 언니는 어렵고 힘든 봉사활동을 많이 한다. 잠자고 있는 주부들의 자의식을 일깨워 주부 자신뿐만 아니라 튼실한 가정을 만들 수 있게도 한다. 사회활동을 하고 싶어도 무엇을 어찌해야 할지 모르는 사람들에게 적성에 맞는 일을 찾도록 해준다. 여러 교육기관을 알려주고 삶에 대한 세세한 조언도 아끼지 않는다. 혼자 다니기 겸연쩍어 하거나 자신감을 잃은 사람들을 위해서 같이 다니고, 같이 배우기도 한다. 자신도 넉넉지 않은 살림에 때로는 그들의 부족한 교통비나 교육비도 대납해 준다. 어려운 사람들에게 그보다 더 큰 힘이 되는 일은 없다. 그런데도 그녀는 더 많은 힘이 되어주지 못해 미안하다고 늘 말한다.

그런 언니가 한동안 힘들어 했다. 이끌어주던 주부들끼리의 감정싸움이 시작된 것이다. 사소한 오해가 눈덩이처럼 커지고, 급기야는 그 화살이 모두 언니에게 돌아갔다. 자신이 가진 재능이나 열정은 생각지 않고 높은 산만 바라보고 있는 그들이 키만 키우고 있는 토마토 모종 같아 보였다. 반면 늦은 걸음을 힘겹게 떼어서 자기 몸의 크기보다 더 많은 일들을 한 언니가 위대해 보였다. 그들과 함께하던 언니는 깊이깊이 침잠하고 있다. 주부들을 위해 기꺼이 갑갑한 땅속을 마다하지 않던 언니는 이제 더 깊은 혼자만의 세상으로 들어가려 한다.

지렁이는 보통 토양의 표면에서 살지만 건조한 시기나 겨울에는 2m 정도의 깊이로 굴을 파서 사는 것으로 알려져 있다. 언니가 그렇게 깊이 침잠하지 않기를 바란다. 함께하던 이들이 적당한 감정과 이성의 습한 흙을 만들어 주었으면 좋겠다. 얼어붙은 흙속에서는 지렁이도 토마토도 살 수 없다. 튼실한 자아라는 나무를 키우고 알찬 열매를 맺기 위해서는 서로가 노력해야 한다. 어쩌면 그녀들은 한 번의 튼실한 열매를 얻은 것이 끝이라고 생각하는지도 모르겠다. 좋은 토양을 만들기 위해 지렁이에게 조금만 관심을 갖는다면, 더 많은 열매를 얻을 수도 있다는 것을 그들은 모르는 걸까.

우리 사회에는 이렇듯 알게 모르게 옥토를 만들기 위해 애쓰는 분들이 많다. 그 대표적인 예가 선생님들이다. 배우는 이가 훗날 큰 나무로 자라도록 또 많은 열매를 맺도록 애쓰시는 분들이다. 그러나 자아라는 튼실한 가지를 만들고자 하는 배우는 이의 노력이 없다면 옥토가 무슨 소용이 있겠는가. 스스로 썩은 뿌리를 만들지 않고, 흙속의 양분을 충분히 받아들이려는 노력이 필요하다.

토마토 뽑아낸 자리에 상추씨를 심었다. 이제는 제법 푸른 잎을 팔랑거리는 상추가 한없이 사랑스럽다. 품질 좋은 수확을 계속하기 위해서 나는 오늘도 어떻게 하면 지렁이가 잘살 수 있는가를 생각한다.

정전기

갖가지 단풍의 끝자락을 잡고 슬금슬금 다가서는 겨울이 나는 반갑지 않다. 겨울이 달갑지 않은 것은 추위를 많이 타기 때문이기도 하지만, 더 큰 이유는 정전기 때문이다. 겨울나무가 늘 시린 바람과 동행할 수밖에 없듯이 나 또한 겨울이면 늘 까슬까슬한 정전기와 함께해야 한다.

정전기는 건조한 날씨로 인해 모발, 쇠붙이, 의복, 피부 등 여러 곳에서 발생하지만 적절한 습기를 공급함으로써 막을 수도 있다. 정전기는 또 핸드폰이나 컴퓨터의 주요 부품을 손상시키기도 하고, 컴퓨터의 다운 횟수가 잦아지게 만들며, 드물게는 컴퓨터를 아예 새것으로 교체하게 한다.

겨울이면 더욱 건조해지는 피부로 인해 나에게서 일어나는 정전기 빈도수는 다른 사람들에 비해 높은 편이다. 실내엔 항상 빨래를 널어두고, 피부는 정전기로 인한 가려움증이 생기지 않게 늘 보습제를 충분히 발라준다. 쇠붙이에 무심히 손을 댔다가 일어나는 스파크에는 머리카락이 곤두선다. 방문이나 자동차 문을 열기 전에는 으레 손톱으로 몇 번 톡톡 치는 버릇도 생겼다. 방전을 위해서다.

사람을 사귐에 있어서도 나는 정전기 현상을 늘 유념하는 편이다. 나의 사교성은 겨울이면 가려움증을 더하는 아토피성 피부 같은 것이었다. 누군가에게 내 메마른 피부를 보이는 것이 두려웠다. 아토피성 피부가 태열에서 시작하듯이, 정전기 현상 역시 어릴 적부터였던 것 같다. 새로운 누군가를 만나면 조심스럽게 인사만 할 뿐 먼저 말을 건네지 못했다. 행여 만남의 기회가 잦아지더라도 꼭 필요한 말 이외에는 하지 않았다. 늘 의기소침해 있던 나로서는 의도하지 않았던 언행들로 서로 간에 생길지도 모르는 정전기 현상이 두려웠기 때문이다. 암흑 같은 정적이 흐를 때면 다른 사람들 시선 아래로 숨어 버렸다. 모두들 하나로 어우러져 있을 때도 그저 문 밖에 서 있는 낯선 그림자에 불과했다.

어느 날 어머니와 나는 사소한 오해로 크게 언쟁을 하게 되었다. 그것은 내 안에 갇혀 방출되지 못한 정전기였다. 정전기는 나에게만 있는 것이 아니었다. 우린 마른 가슴속에 갇혀 있던 정전기들을 마구 방출하며 서로에게 상처를 주기도 하였다. 그리고는 부족한 대화를 나누며 서로를 용서하고 이해하게 되었다. 이후에도 간혹 정전기를 일으키긴 했지만 그렇게 서로에게 익숙해져 갔고, 이제는 가족이라는 방안에 빨래를 널어 두어야 한다는 것도 알게 되었다.

정전기 현상은 이처럼 우리 생활 곳곳에서 언제나 일어날 수 있다. 무의식적인 언행에 사람들은 서로 상처를 받기도 한다. 처음 만나는 이에 대한 외모나 소문 등으로 선입관을 가지고 사람을 대하기도 한다. 손을 씻고 보습제를 발라야 한다는 사실을 알지 못한다. 눈앞에 보이는 부분만 생각하였지, 서로의 생각은 읽으려 하지 않는다. 보이는 게 다는 아니라는 걸 알고 있음에도 보이는 현상만 믿으려 한다. 씻은 손은 금시 말라버리고 만다는 사실, 악한 감정을 씻어낸 자리에는 반드시 '배려'라는 보습제를 충분히 발라야 한다. 보습제를 바르지 않은 손은 빨리 말라버린다. 탄력을 잃어버린 채 주름 잡힌 손은 더러움을 빨리 탈 뿐 아니라 정전기도 많이 방출시킨다.

가끔은 악수를 해도 정전기가 발생하지 않는 사람이 있다. 그들의 손은 '배려'라는 향기로운 땀에 늘 젖어있다. 항상 따사로운 미소를 지닌 그들에게서는 정전기가 일지 않는다. 그들의 가슴 가득한 배려를 내 손 끝에도 담아보려 한다.

나는 이제 정전기에 놀라지 않도록 항상 조심한다. 사람과 사람 사이의 문을 열 때면 손을 깨끗이 씻고 배려라는 보습제를 충분히 발랐는지 늘 확인한다. 사람 사이뿐 아니라, 자신에게도 감정의 건조로 인한 정전기 발산으로 짜증내거나 우울해 하지 않도록 스스로를 돌아본다.

걸레

풀리지 않는 실마리를 찾아 고심하고 있는 중이다. 한 주 내내 그 고민의 끄트머리로 인해 아무것도 할 수가 없다. 조급한 마음이 실수만 연발하게 한다. 아예 백지 상태에서 다시 시작해야겠다는 생각이 든다. 일주일 내내 생각했던 것들, 밤잠을 설치며 마련해 두었던 모든 것을 깨끗이 지우자. 마음속 정리를 하듯 집안 대청소를 시작한다. 평소에 손이 가지 않던 구석진 곳까지 열심히 닦는다. 가구에 왁스를 바르고 걸레로 빛이 나도록 문지른다. 마음속에서 풀리지 않던 문제 때문에 무겁고 칙칙하던 기분까지 깨끗이 닦이는 듯싶다.

더러워진 걸레들을 모아 가루비누를 푼 물에 넣고 북북 문지른다. 완전히 말끔해지지 않아 삶기로 한다. 걸레를 담은 그릇을 가스레인지 위에 올리고 불을 켠다. 얼마 뒤 하얗게 표백되어 삶아진 걸레를 보니 주말 내내 힘겨움으로 얼룩져 있던 마음까지 하얗게 표백된 듯하다. 이제는 새로운 설계도를 그릴 수 있을 것 같다. 때맞춘 듯이 커피 한잔 마시러 오라는 친구의 전화를 받고 가볍게 집을 나선다.

친구 집으로 들어서는 순간 가벼웠던 마음이 휙 날아가 버린다. 집안이 어수선하다. 머리가 다시 어지러워진다. 친구는 어제 시어머니 생신을 치렀단다. 대충 치운다고 했지만 아직 어질러진 집안은 친구의 고달픔을 그대로 대변하고 있다. 남은 음식이 있어 함께 먹고 싶어 불렀단다. 같이 청소를 하자고 부른 건 아니지만, 내 집 청소하느라 진이 다 빠진 나는 친구가 고맙다는 생각이 들지 않았다. 윗동서랑 시누이더러 같이 치우고 가라고 하지 바보같이 그냥 모두 보냈냐는 내 말에 친구는 피식 웃는다.

"그래 봐야 서로 맘만 상하지 뭐."

많은 식구들의 음식을 이틀 동안 혼자 다 하느라 애썼을 친구가 가여웠다. 간소하게 한다지만 어찌되었든 어른의 생신 상이니 그리 가볍게 할 수만은 없었을 것이다. 자기 자신과 싸우며 모든 일을 해내느라 친구의 마음 여기저기가 얼룩져 있었다. 나더러 아무것도 손대지 말고 그냥 먹고만 가란다. 친구 뒀다 뭐할 거냐는 둥, 내가 친구가 맞긴 하냐는 둥 하면서 괜스레 볼멘소리를 한다. 미련둥이라는 내 놀림에도 친구는 속 좋게 웃는다. 그래도 내가 좋아하는 음식을 먹이고 싶은 친구의 마음이 고맙다. 친구가 밥상을 차리는 동안 그녀의 만류에도 불구하고 내 집 청소하듯 여기저기 걸레질을 한다.

친구는 셋째 며느리다. 바로 윗동서가 한 동리에 살지만 늘 친구네서 대소사를 치른다. 윗동서들도 친구와 마찬가지로 전업주부다. 그러나 이상하게도 집안 대소사를 치를 때면 친구의 동서들에게는 꼭 무슨 일이 생긴다. 그 일이란 것이 누가 들어도 뻔한 거짓말이지만 친구는 그저 믿어버린다. 시누이들도 셋이나 된다. 그들도 친구가 모든 일을 도맡아 하는 것을 당연시한다. 그래도 그녀는 군소리 한번 안한다. 처음엔 힘들었단다. 집안의 대소사가 자신에게 맡겨질 때마다 시댁 식구들에게는 어려워 아무 말도 못하고 남편에게만 항의를 했다. 급기야는 험한 말이 오가고 그녀는 헤어질 결심으로 짐을 꾸렸다. 그러나 남편의 협박 반 애원 반의 말에 모든 것을 포기하고 주저앉고 말았다. 아니 자신이 선택할 수 없는 부분이라며 포기하고 말았다. 모든 것을 남편의 일부분으로 받아들이기로 했다.

결혼 전에도 그랬단다. 모든 집안일은 자신의 몫이었다. 열심히 일해도 늘 잔소리를 들어야만 했단다. 어린 그녀의 손에서는 젖은 걸레가 마를 날이 없었다. 어쩌면 태어날 때부터 그렇게 운명 지워졌는지도 모르겠다. 세상이란 빨랫줄에 아무렇게나 내다 걸린 걸레. 바람 불어 이리저리 휘감겨도, 해 진 뒤 밤이슬에 젖고 뜨거운 햇살에 마르기를 반복해도, 누구 하나 신경 쓰는 이 없다. 인생이란 그런 것이었다. 그래도 햇살을 안고 있을 때는 행복하기도 하였다. 외롭다는 생각은 하지 않았다. 말끔한 수건이나 화려한 옷이었기를 바랐던 일도 없었다. 구석에 처박아 두거나 쓰레기통에 넣지 않은 것만도 다행이었다. 빨랫줄에 매달려 있을 수 있게 해 주었다는 것만으로도 감사했다. 햇살은 그녀가 사는 유일한 이유였다.

친구가 없었다면 그녀 오빠는 지금쯤 험한 일을 하고 있을지도 모른다. 친구의 뒷바라지로 인해 오빠와 남동생은 좋은 대학을 졸업하고 남부럽지 않은 직장도 가지게 되었다. 남편은 그녀를 든든한 뒤 배경 삼아 다른 식구들에게 큰소리치며 살고 있다. 넉넉지 못한 살림으로 인해 안 해본 일이 없다. 친구의 이런저런 삶의 고달픔이 아프게 와 닿는다. '더러움이 많이 탔다.'면서 깨끗이 씻는다고 방망이로 두드리기도 하였다. 맞는 것에도 이골이 난 터라 견딜 만했다. 여기저기 열심히 닦고 다녔다. 그녀는 이제 세균들에 대항하는 힘겨움. 끓는 물에 익어가는 아픔들을 자신의 일부로 받아들이고 있다. 그녀가 있는 곳엔 언제나 웃음이 흐른다. 자신이 만들어낸 가족들의 화목을 보면 가슴 뿌듯하단다. 간혹 가루비누처럼 그녀의 얼룩진 마음을 씻어주는 남편이 있어 행복하단다.

새하얀 그녀의 마음이 타인들로 인해 더 이상 얼룩지지 않기를 빌어본다. 그녀가 있는 자리는 늘 평화롭다. 그녀가 삶을 닦아가는 방법들을 옆에서 지켜보며 배운다. 내 삶도 그녀처럼 반짝이기를 기대하며.

화산

세인트 헬렌 산(MSH, Mount St. Helens) 폭발 장면을 담은 사진을 우연히 보게 되었다. 화산 폭발로 인명피해와 재산피해가 많았다고 한다. 겉으로 보이는 화산폭발 모습은 웅장하고 아름다웠다. 그러나 실제로는 넓은 숲을 완전 초토화시키며 많은 생명을 앗아갔다. 멋진 모습의 사진들만 전시해 놓은 탓에 장엄한 모습만 보일 뿐 실제로 눈에 보이지 않는 부분은 참혹하기 그지없을 것이다. 사진을 보며 얼마 전까지 거리를 뒤지고 다니던 친구의 모습을 떠올려본다.

청포도가 열리기 시작하는 어느 날이었다. 며칠 동안 연락이 안 되던 친구가 몸도 마음도 꽁꽁 언 채로 찾아왔다. 높은 신열과 몸살까지 안고 왔다. 잠시 쉬고 난 친구가 말했다. 아들의 행방을 알 수가 없다고. 동네 PC방을 모두 뒤지고 아들의 친구가 산다는 집과 그 근처 PC방도 전부 뒤져보았단다. 어미로서 할 수 있는 일을, 해야 할 일을 다 하지 못한 것 같다고 반성한다. 다툼이 끊이지 않는 남편과 아들 사이에서 친구는 늘 마음 졸이면서 중간 역할을 잘하고 있었다. 그런 친구가 아들의 깊은 내면을 헤아리지 못했다고, 아버지와의 관계를 일찍 회복시켜 주지 못했다고 자책한다. 어미인 자신마저 늘 아버지 편에 있다고 믿는 아들에게 한 변명들이 아들을 지켜 줄 것이라 믿었던 것이 잘못이었다고 말하는 친구의 가슴이 보였다. 새까맣게 타버린 그녀의 가슴에 내 가슴마저 잿더미로 변해 버릴 것만 같았다.

아들이 큰 사고를 치지는 않을까 근심하고 있는 친구에게 말한다. 아이가 나쁜 성향을 가진 것은 아니니 그럴 리 없다고. 사춘기에 누구나 한 번쯤 하는 방황일 거라고. 착한 아이니까 금세 들어올 거라고. 그러니 힘내라고……. 그러나 내가 하는 말은 그저 메아리처럼 울리기만 하나 보다. 주위의 모두가 그렇게 이야기한단다. 그러나 아차 하는 사이에 큰 실수를 하게 될 것만 같아서 마음이 놓이지 않는다고 친구는 말했다. 평소에 어울리지 않던 나쁜 친구들과 어울려서 담임선생님마저 크게 걱정하고 있다는 말을 들으니 나 역시도 은근히 걱정스럽기는 하다.

화산 폭발 후 삼십여 년이 지난 현재의 헬렌 산은 다시금 초록으로 덮여 있다. 그때처럼 큰 산도 아니고 무성한 숲을 이루고 있지는 않지만, 많은 생명을 품고 있다. 헬렌 화산 폭발은 오랜 연대에 걸쳐 일어났을 것으로 믿고 있던 여러 가지 지질학적 진화론에 심각한 도전을 불러 일으켰다. 아홉 시간 동안의 화산 폭발로 협곡들은 빠르게 형성되었으며, 백 개가 넘는 7.5m지층들이 세 시간 만에 쌓였다. 연속된 화산활동으로 인한 열과 압력은 백 년 이상 걸릴 것이라는 석탄도 금세 만들었다. 이처럼 화산 폭발 당시는 지옥을 방불케 하지만, 그 후는 많은 것을 변화시키고 새롭게 만들기도 했다.

땅속 너무 깊숙이 박혀 있어 그 존재 여부조차 느낄 수 없었던 마그마가 주위의 물을 수증기로 만들고 아황산가스나 여러 가스들을 만들어낸다. 그것들이 오랜 시간 동안 열과 압력을 받으면서 커지고 드디어는 얇은 지표면을 찾아 폭발한다. 빨갛게 이글거리는 마그마를 품은 아이의 가슴이 그렇게 터져버린 것 같다. 마음속 너무 깊이 박혀 있어 어쩌면 자신조차도 외면했던 외로움

덩어리들. 그것들이 자신 속의 진기를 빨아 탈진된 아픔들을 증폭시키고 있었으리라. 그리고는 자신의 가장 얇은 표피를 뚫고 나와 폭발해 버렸으리라.

친구의 아이는 수박이 품은 물기처럼 부끄러움이 많은 아이였다. 어디에서건 쉽게 나서거나 누구에게도 함부로 말하지 않는 고운 아이였다. 남자답지 않은 여름날의 싱그러운 청포도 같은 아이였다. 뙤약볕과 무성한 잡초에 의해 시들시들 말라버리는 나무가 아니었으면 좋겠다. 뙤약볕과 잡초에 의해 더 큰 나무로 자라기를 빌어본다. 오랜 폭발로 아이는 많은 것을 잃게 될지도 모른다. 그러나 그보다 더 크고 오묘한 협곡들을 만들기를 바란다. 그리고 더 많은 시간들이 아이에게 생명이 넘치는 푸른 숲을 가꾸게 하리라 믿어본다.

장마철이다. 며칠째 하늘이 조용히 울고 있다. 오늘은 햇살을 내어줄 것처럼 좀 더 밝은 모습이 보이는 하늘에 노래하듯 기도한다. 이제 그만 이 눅눅함에서 벗어나게 해 달라고. 그 기도의 끝을 몰고 친구의 아이가 찾아오리라는 기대도 해 본다. 오랜만의 햇살이 친구의 얼굴에도 환하게 내려앉기를 두 손 모아 빌어본다.

4부

벙어리샘

도서관에 갔더니 경비 아저씨가 손짓하며 불렀다. 이달 말까지 다니고 정년퇴임을 하니까 이별주 대신 차나 한잔하자고 했다. 차가 나올 때까지 기다리다 부채를 꺼냈다. 부채에 쓴 글자를 보며 그가 물었다.

"근디, 아줌니, 벙어리샘이 무슨 뜻인 줄은 아셔유?"

진한 눈썹 사이로 흰 것 하나가 삐죽 나와 있는 경비 아저씨의 얼굴을 쳐다보며 나는 생각했다. 그동안 벙어리샘의 복원에만 신경을 썼지, 정작 벙어리샘의 뜻은 한번도 생각해본 적이 없었다.

뒤통수를 한 대 맞은 것 같은 느낌이 들었다. 벙어리샘은 벙어리가 샘물을 먹고 백일기도해서 말문이 트였다는 전설 때문에 붙여진 이름이라 생각했다.

그런데 아저씨는 ≪주역≫으로 풀이하면 벙어리는 '무궁'의 뜻이 담겨 있다고 했다. 무궁이라 하면 사람들이 모르니까 그냥 알기 쉽게 벙어리라고 붙였다는 것이다. 샘은 한곳을 깊게 파야 물이 나오는데 대부분 사람들은 바위가 나오면 더는 파지 않는다. 벙어리샘은 암반수이기 때문에 가뭄에도 물이 줄지 않는다고 세 살 때 〈천자문〉을 공부한 아저씨가 명쾌하게 설명했다. 그 이야기를 듣자 한순간에 그동안 쌓인 의문점들이 풀려버렸다.

역사 공부를 하면서 벙어리샘을 알게 되었다. 위치를 알기까지 몇 년이 걸렸다. 샘을 찾고 보니 간판이 없었다. 간판 하나 세우는데 또 해가 바뀌었다. 개정 교과서에 실린 벙어리샘 사진이 교체되었다. 그러는 동안 점점 애착이 생겼다. 예나 지금이나 벙어리처럼 답답한 사람들을 위해서 벙어리샘은 도움이 될 것 같아서 복원하기로 마음먹었다.

유명한 작가의 생가나 문학관에 가면 대부분 샘이나 우물이 있었다. 물도 없는 샘을 볼 때마다 벙어리샘이 생각나곤 했다. 원래 위치에서 이동했기 때문에 문화재로 등록될 수는 없지만, 존재만으로도 의미가 있다고 판단했다.

일단 오랫동안 방치된 샘부터 청소했다. 양동이로 물을 퍼내느라 많은 사람이 고생했다. 처음 청소하고 나서 수질검사도 의뢰했다. 예상했던 대로 좋은 결과는 나오지 않았다. 오랫동안 방치된 샘물은 일 년 동안 꾸준히 퍼내면 식수로 이용할 수 있다고 해서 한 가닥 희망을 걸었다.

늦가을에 청소할 때는 양수기를 사용했다. 구청에서 빌려와 청소하는 것을 본 동네 어른들이 양수기 두 대를 장만했다. 형편이 어려운 분들인데 어찌나 고맙던지. 가난은 물질이 아니라 정신이 부족할 때를 이르는 말인가 보다. 동네 사람들과 고생을 함께하면서 한마음이 되었다. 길에서 만나면 벙어리샘 이야기로 꽃을 피웠다. 재빠른 사람들이 용왕제 지낼 때 쓸 물건들을 미리 찜해 놓았다. 뒤늦게 알게 된 사람들은 아쉬워하며 무엇이라도 하나 내놓으려고 애를 썼다.

그해 겨울은 참 포근했다. 이듬해 입춘 무렵 산에 올라갔다가 나는 깜짝 놀랐다. 복숭아밭이, 나무들이 사라져버렸기 때문이다. 등걸만 남은 산자락을 보고 이상한 생각이 들었다. 정신없이 산길을 뛰어 내려왔다. 등 뒤에서 쿵, 쿵 땅을 울려대던 포클레인 소리도 따라왔다. 그날 이후 벙어리샘 근처에는 가지 않았다.

그로부터 복숭아뼈에 닿을 정도로 샘물이 줄었다는 이야기가 들려왔다. 봄 가뭄도 심해서 보문산의 약수터 몇 개가 문을 닫았다는 소문도 들었다. 하지만 나는 혹시라도 물이 차오를지 모른다는 희망으로 삼 년이 넘도록 기다리는 중이다. 그래서인지 함께 일했던 사람들이 이제는 나를 이상한 눈으로 쳐다본다. 오랜 시간 동안 나도 왜 그토록 벙어리샘에 집착했는지 이유를 몰랐다.

경비 아저씨가 던진 질문에서 해답을 찾았다. 벙어리샘에 미쳐 살았던 지난 십 년 동안 기다림과 사랑과 절망을 배웠다. 내 안에서 끊임없이 흘러나오는 열정도 느꼈다. 만일 여기서 포기한다면 그야말로 벙어리샘의 뜻도 모른 채 덤빈 꼴이 될 것이다. 살다보면 자연스레 세월이 해결해 주는 일도 있으니까 마음의 여유를 갖고 기다리기로 했다.

경비 아저씨의 두 번째 질문이 귓가에 맴돈다. 왜 그 부채를 들고 다니느냐고 물었다. 그러면서 앞으로는 그 부채를 가지고 다니지 말라고 거듭 당부했다. 생각이 깊은 사람을 만나면 다행이겠지만, 혹여 생각이 짧은 사람을 만나면 이상한 사람으로 오해받는다고 말했다. 그 말을 듣고 웃었지만 사실이었다. 내 꿈을 이루겠다는 마음의 표현으로 갖고 다닌 부채였다. 하지만 벙어리라는 단어가 주는 어감 때문에 나를 이상한 눈으로 쳐다보던 사람도 있었다.

나의 답답한 마음을 속 시원하게 풀어 준 경비 아저씨. 어쩌면 그분이야말로 진정한 벙어리샘인지도 모른다.

가던 길 멈춰 서서

가로수를 만나면 찬찬히 살펴보는 버릇이 있다. 바쁠 때는 눈으로, 여유가 있을 때는 손으로 나뭇결을 쓰다듬어 본다. 옹이가 되어버린 아픔의 흔적들을 볼 때면 애틋함이 밀려온다.

처음에는 다리 잘린 게처럼 몸통만 남은 가로수들이 눈에 밟혔다. 나중에는 비와 바람에 쓸려간 꽃들이 마음에 걸렸다. 어쩌면 가로수도 사람처럼 떠나보낸 자식들을 그리워하고 있을지도 모른다는 생각이 들었다. 가로수의 자연 발아율은 극히 적기 때문에 어디선가 씨앗이 뿌리를 내리고 자란다는 사실만으로도 대단한 일이다. 그래서 외진 곳을 찾아다녔다.

하필이면 남의 아파트 울타리에서 어린 가로수를 발견하다니. 내 무릎 높이쯤 자란 어린 가로수가 찔레와 장미 덤불 그리고 측백나무 틈새에서 힘겹게 자라고 있었다. 어떻게든 빼내주고 싶어서 덤불 속에 손을 뻗었는데 장미 가시에 긁혀서 상처만 남았다.

인적이 드문 리기다 소나무 밑에서 한 뼘쯤 자란 어린 가로수를 보았다. 그 정도쯤이야, 하는 마음으로 해가 지길 기다렸다. 모종삽과 검은색 비닐봉지를 들고 도둑고양이처럼 남의 아파트로 건너갔다. 흙을 파내는 일이 예상보다 어려웠다. 시멘트처럼 단단한 흙과 씨름하는 동안 흘린 땀 냄새를 맡고 벌 떼처럼 모기가 달려들었다. 결국 두 손 다 들고 말았다. 섣부른 판단 때문에 모기 밥이 될 뻔했다.

이튿날 아침 우리 아파트에서 가장 한적한 곳으로 발길을 옮겼다. 쓰레기장 주변의 잔디밭이었다. 아직 껍질이 채 벗겨지지 않은 떡잎 하나가 콩나물처럼 서 있었다. 반가움에 가까이 다가서다가 깜짝 놀랐다. 주변에는 고만고만한 것들이 많았다. 그것들을 밟을까봐 조심하면서 더 깊숙한 곳으로 들어갔다. 마침내 햇볕이 잘 들지 않는 곳에서 허리 높이만큼 자란 가로수와 만난 것을 이산가족의 상봉과 견줄 수 있을까.

양지에서 자랄 가로수들이 음지에서 자라고 있었다. 떡잎들을 잡아당겼더니 쑥, 쑥 올라왔다. 어느 정도 자랄 때까지는 우리 집 베란다에서 기르다가 아파트 화단으로 옮겨 심어야겠다고 판단했다. 물론 내가 키운다고 해서 잘 자랄 거라는 보장은 없었지만 그래도 한번 시도는 해보기로 마음먹었다. 떡잎 몇 개를 경비실에 주고 설명도 곁들였다. 알게 되면 관심 있게 지켜볼 테고, 어딜 가든지 눈에 띌 것이다. 그러면 자연스럽게 애정이 생겨서 사람들의 보호 속에서 자랄 수 있는 날도 멀지 않을 텐데.

삼 년 전에 떡잎이었던 것이 비록 한 뼘밖에 안 자랐지만, 제법 의젓한 티가 난다. 그때 세 개를 가져왔는데 두 개는 죽고 하나만 남았다. 그의 이름은 회화나무이다. 나는 꽃 필 때가 좋다. 꽃이 피었다가 땅에 떨어지면 벌들이 달려든다. 내 생각에는 나무에 핀 꽃이 더 싱싱하고 좋을 것 같다. 그런데도 벌이 꿀을 먹겠다고 시든 꽃잎 속에 들어갔다가 나뒹굴 때면 웃음이 절로 나온다. 벌만이 알고 있는 신비로운 세상이 있는가 보다. 가던 길 멈춰 서서 한참 동안 들여다보곤 했다.

회화나무 꽃을 좋아하지 않는 사람도 있다. 꽃에서 나온 진이 차량이나 물건 위에 묻으면 진득거리기 때문이다. 오죽했으면 몇 년 동안 가로수를 바꿔달라는 민원까지 제기하고 있을까. 만일 사람들이 회화나무에 대해 알게 된다면, 상황이 조금은 달라지지 않을까. 회화나무는 줄기와 이파리의 색이 같다. 그래서 진실한 사람처럼 보인다. 거짓이 없고 남을 해코지하려는 마음은 품지도 못하는 사람 같다. 가지는 하늘로, 뿌리는 땅속으로 쭉쭉 뻗는 싱그러움이 보는 이를 즐겁게 할 것이다. 어쩌면 1970년대에 청백리淸白吏의 상징으로 이 나무를 심은 것도 줄기와 이파리의 색이 같기 때문은 아니었을까.

나도 회화나무처럼 살고 싶다. 초록의 싱그러움과 가지와 뿌리의 열정으로 하나 되어 주변과 더불어 즐겁게 살고 싶다. 이제까지의 욕심과 집착, 훌훌 던져버리고.

검정 고무신

꽃집 앞에 놓인 풍란을 보았다. 흙이 아닌 바위나 숯에 하얗게 뿌리를 내리고 사는 풍란이 신기했다. 딱딱한 바위에 알몸 같은 뿌리를 의지한 채 강하게 살아내는 풍란을 키워보고 싶었다. 분갈이하는 대신 화분에 꽂아줄 영양제와 숯을 사고 숯에 의지해 자랄 식물도 큰 마음 먹고 샀다. 영양제를 꽂아주고, 숯에 식물을 붙여보고, 그렇게 베란다 화분을 정리하다가 옛 친구가 떠올랐다.

"깻잎이 잠잘 때 어떻게 자는 줄 아니?"

뜬금없는 친구의 질문에 어리둥절한 나를 보며 친구는 말했다. 깻잎은 낮에는 땅이 보이지 않게 잎을 쫙 펴고 있지만 밤이 되면 땅이 보이게 잎을 다소곳하게 내리고 잔다고. 물을 안 줘서 시들어서 그런 게 아니냐는 내 말에 친구는 밤에 자신의 집으로 와 보라고 했다. 한밤중에 친구의 텃밭에 확인하러 갔더니 친구의 말처럼 깻잎은 시든 듯 잎을 모두 바닥으로 늘어뜨리고 있었다. 그 후부터 밤이 되면 식물들이 잠자는 모습을 유심히 지켜보게 되었다.

씨앗이 어디서 날아왔는지, 다른 화초들이 올 때 그 속에 숨어 있었는지 우리 집 화분 속에는 세 잎 클로버가 산다. 그런데 세 잎 클로버도 잠을 잘 때는 세 잎을 모두 맞붙이고 잠을 잔다. 콩잎도 그랬다. 식물은 저녁이 되었음을, 밤이 되었음을 어떻게 아는 것일까. 낮에는 빛을 많이 받으려고 모든 잎을 활짝 펴는 식물들. 낮에는 해님을 사랑해서 해 바라기를 하고 밤에는 땅을 사랑해 다소곳이 잎을 모아 기도하듯 땅의 기운을 흠뻑 받는 것은 아닐까.

이후로 밤이 되면 싫다는 딸아이들을 반강제로 데리고 나갔다. 키 큰 나무도 쳐다보고, 예쁜 꽃잎들도 살펴보고, 화단의 앉은뱅이 식물들도 관찰했다. 그러다 새로운 꽃들, 처음 만나는 식물들에 또 빠져드는 나를 발견한다. 아이들도 저녁 식후의 이런 산책이 익숙해지고 재미있어진 듯하다. 좀 더 나아가 아이들이 과학 시간에 배우는 식물들에 대해서도 직접 만져보고 줄기를 잘라서 물관도 관찰하고 뿌리도 살펴보았다. 지루하기만 했던 과학 수업이 재미있어진다고 말하는 아이들을 보니 뿌듯하다. 무엇인가를 가르치려는 부모가 아닌 아이들과 함께 생각하고 살펴보는 친구 같은 엄마가 되었다.

한번은 그 친구랑 함께 식당에 갔다. 그런데 친구의 눈이 자꾸만 밖으로 쏠리더니 벌떡 일어나 신발장 앞에 갔다 오는 것이다. 왜 그러느냐는 내 질문에 신발이 잘 있는지 보고 왔다고 했다. 어렸을 때 너무 가난해서 검정 고무신만 신고 자랐다는 친구는 며칠 전에 비싼 구두를 샀다. 그런데 자꾸만 구두를 잃어버릴까 걱정이 된다는 것이다. 누군가 새로 산 구두 대신 검정 고무신을 가져다 놓을 것만 같단다. 그녀의 조바심에서 잎을 모으고 자는 우리 집 세 잎 클로버가 떠올랐다.

친구는 시부모님을 위해 늘 병원으로, 집으로, 바쁘면서도 일주일에 한 번은 꼭 자원봉사를 한다. 시부모님 모시랴, 아이들 챙기랴, 이리저리 뛰어다니면서도 친구는 늘 행복해 보인다. 시골에서 나고 자라 순박하고, 순수하기 그지없는 친구는 순진하다는 단어를 싫어한다. 순진하다는 이야기는 곧 바보 같다는 뜻으로 들린단다. 계산적이고 이기적이며 말 많은 요즘에 이런 친구는 검정 고무신 같다. 친구를 보면서 나는 왜 잠을 자는 깻잎 생각이 나고 콩잎 생각이 났을까.

한번은 수첩에 '취나물'이라 써 놓은 것을 친구가 "추이나물"이라 읽어서 그 자리가 웃음바다가 되기도 했다. 젊었을 때는 똑똑한 사람이 훌륭하고 좋은 사람인 줄 알았다. 이제 나이가 들고 보니 친절하고 순수한 사람이 정말 훌륭한 사람인 것 같다. 진흙 같은 일상의 편린들을 가득 묻힌 채 그녀 앞에 선다. 그리고 검정 고무신을 물로 씻듯이 그녀 앞에서 그 편린들을 털어내면 나는 물로 깨끗이 닦여진 검정 고무신 같다. 그렇게 친구는 있는 그대로의 내 모습을 묵묵히 지켜봐 준다. 내가 무슨 말을 해도 고개를 끄덕여주는 친구, 검정 고무신이 잘 어울리는 순수한 친구, 이런 친구가 있어서 좋다.

구두

중학교에 입학했을 때였다. 가난한 철도공무원인 아버지는 내게 구두를 맞춰 주었다. 그리고 날마다 구두를 닦아 주었다. 비가 오나 눈이 오나 열차 시간에 맞춰 달리는 기차처럼 아버지의 사랑은 한결같았다. 철길처럼 곧은길로 가도록 나를 이끌었다.

아버지는 말씀이 별로 없었다. 어쩌면 부모님을 일찍 여읜 탓인지도 모른다. 맛있는 반찬이 나오면 우리 앞으로 쓱 밀어 놓았다. 그러면 우리는 아버지 앞으로 쓱 또 밀어 놓았다. 서로 먹으라고 밀어 놓던 반찬을 어머니는 밥숟가락 위에 올려 주었다. 어머니가 안 계신 날은 맛있는 반찬을 그저 바라만 보았다.

학년이 올라갈수록 아버지와 대화할 시간이 별로 없었다. 밤늦게 도서관에서 집으로 오면 '다녀왔습니다.' 한마디면 족했다. 한때는 서로 대화가 통하는 친구 같은 아버지가 부러운 적이 있었다. 사춘기에 들어서자 오히려 과묵한 아버지가 더 좋았다. 아버지의 마음을 헤아리게 된 것은 어쩌면 그때부터였는지도 모른다.

어느 날인가 등굣길에 차창 밖으로 복사꽃 핀 마을을 보았다. 수채화처럼 예쁜 마을이었다. 낯익은 학생들이 마을 앞으로 걸어가고 있었다. 하굣길에 그들을 기다렸다가 뒤를 따라갔다. 황량한 들판을 지나 냇가의 징검다리를 건넜다. 물에 젖은 구두는 흙먼지와 뒤범벅이 되었다. 더러워진 구두를 신고 재빠른 그들의 뒤를 쫓아가기 위해 종종걸음을 쳤다. 복사꽃 핀 그 마을도 그냥 지나쳐버렸다. 섭섭한 마음보다 길을 잃을까봐 더 걱정되었다. 간신히 집에 도착했을 때 구두는 진흙밭에 빠진 것 같았다. 아버지는 아무 말씀도 하지 않았다.

이튿날 아침 말끔하게 닦인 구두가 햇살에 빛나고 있었다. 아무 일도 없었다는 듯이 어제 아침처럼 단정하게 놓여 있었다. 아버지께 죄송하고 또 한편으로 고마웠지만 차마 그 말을 하지 못했다. 사회생활을 할 때도 아버지는 날마다 구두를 닦아 놓았다. 항상 아버지가 닦아놓은 구두를 신고 살았다.

이제 와서 내가 걸어온 길을 더듬어 보면 포장도로만 있었던 것은 아니었다. 더러는 진흙 속에 빠지기도 했고, 흙탕물에 젖기도 했다. 그때마다 아버지의 마음을 헤아려 보았다. 공사로 파헤쳐진 길은 멀더라도 돌아서 갔다. 혹시나 구두에 진흙이 묻으면 아버지께서 공연히 걱정하실 것 같았기 때문이다. 그렇다고 나쁜 길을 가지 않았던 것은 아니다. 그때마다 나는 아버지를 떠올리며 바른 길로 가려고 노력했다. 구두는 아버지와 나를 이어주었다.

아버지의 남다른 사랑이 구두에 숨어 있어서일까. 유난히 내 발걸음 소리가 크다. 아버지처럼 평생 자식의 구두를 닦아주는 부모가 이 세상 어딘가에 또 있을 것이다. 그러고 보면 세상에 신을 보내기 어려워서 아버지를 보냈다는 말이 맞는 것 같다. 그런 넘치는 사랑을 받은 나와 또 다른 많은 사람은 참으로 축복받은 사람임이 틀림없다. 아직도 자식의 구두를 닦아 주는 아버지. 변함없는 사랑과 믿음으로 자식을 지켜주고 있다.

요즘 나는 사춘기에 접어든 아이와 자꾸 부딪친다. 잔소리하지 않으려 마음먹어도 잘 안 된다. 굼뜨고 아침잠까지 많은 나를 똑 닮았다. 아침잠을 깨우는 일부터 속이 상한다. 잔소리를 안 하고 키운 아버지의 지혜가 필요할 때다. 현명하게 아이를 키우고 싶다. 이럴 때 아버지는 말보다는 행동을 보여 주었다. 자식의 마음보다 한발 앞서서 준비해 놓았다.

나도 아버지처럼 참고 기다리는 연습을 해야겠다. 나도 소원해진 자식의 마음을 풀어보리라 마음먹었다. 구두를 사주겠다는 말에 아이가 싫다고 한다. 불편하단다. 아무 곳에나 갈 수 있는 운동화가 더 편하다고 한다. 격세지감을 느끼며 운동화에 묻은 흙먼지라도 매일 털어보려고 작정했다. 쉽지 않았다. 아무리 작은 일도 꾸준히 한다는 것은 참 어려운 일인가 보다. 그런데 아버지는 그 일을 평생 했으니 존경스럽기만 하다. 나도 아버지처럼 참고 기다리는 연습을 해야겠다. 처음으로 흙먼지로 덮인 길을 가고서 부모님께 죄송했던 기억은 늘 마음속 깊이 남아있다. 곱게 키워 출가시킨 자식이 평탄하게 살기 바라는 것은 세상 모든 아버지의 소망일 것이다. 그 소망을 이루기 위해 아버지는 철길처럼 곧고 기차처럼 한길로 가는 모습으로 자식들 앞에 서 있다. 과연 나는 내 아이에게 어떤 부모의 모습으로 비치고 있을까.

그렝이질

무수동에 있는 한옥마을을 방문했다. 마침 한옥의 보수공사가 한창이다. 뿌연 먼지 사이로 흩어져 있는 기왓장과 나무기둥들이 다시 태어남의 고통을 말해 준다. 말만 보수공사지, 주춧돌만 남겨놓고 그 위에 다시 건물을 짓다시피 한다. 주춧돌에 눈길이 머문다. 들쑥날쑥한 돌이다. 고르지 못한 돌을 어떻게 주춧돌로 쓸 수 있을까. 그리고 그 위에 기둥은 어떻게 세울 수 있을까.

주춧돌에는 다듬은 것과 막돌이 있다. 돌이 흔한 곳에서는 좋은 것을 골라 다듬어 쓰고, 돌이 귀한 곳에서는 막돌을 그대로 쓸 수밖에 없다. 전에 건물이 버티고 섰던 곳에 주춧돌이 속살을 드러내고 앉아 있다. 그 모습이 당당하다. 쉽게 자신을 내어주진 않을 모양이다. 곱게 다듬어진 것이면 고운 대로, 막돌인 것은 막돌인 대로 자신을 지키고 있다.

대목이 그렝이질을 하고 있다. 주춧돌 면이 고르지 못한 곳에 기둥을 세우기 위해 나무기둥을 깎아내고 있다. 다듬은 주춧돌이라면 그렝이질이 쉽겠지만, 그렇지 못하면 목수의 노련한 기술이 요구된다. 주춧돌에 딱 맞게 나무기둥의 밑을 깎아 내는 그렝이질은 상당 기간 목수 일을 익힌 대목이 아니면 하기 힘들다. 먹칼로 나무기둥에다 울퉁불퉁한 막돌 모양을 그려 넣는다. 움푹 팬 곳, 툭 튀어나온 곳을 세심하게 끌로 파내고 가운데는 조금 더 여유 있게 후벼낸다.

그렝이질이 끝난 기둥을 주춧돌 위에 세워 본다. 제 짝을 찾은 듯이 아귀가 맞는다. 개미 새끼 한 마리가 비집고 들어갈 틈이 없다. 대목이 흘린 땀방울이 거룩하게 느껴진다. 목수들이 주춧돌 위에 소금을 한 주먹 먹이고 기둥을 다시 세운다. 나무가 썩는 것을 방지하기 위함이다. 기둥을 세우자 막돌의 자연스러움이 살아난다. 대목의 그렝이질 솜씨가 빛난다. 맞물린 돌과 나무가 비바람과 눈보라를 견뎌내기에 충분하다.

대목의 삶이 떠오른다. 어린 나이에 대패를 잡고 오늘의 이 경지에 도달하기 위해 얼마나 많은 세월을 인내했을까. 대팻집도 거머쥘 수 없는 나이에 목수 일을 시작하여 대패가 달라붙는 손이 되기까지 무수한 아픔을 견뎌냈을 것이다. 앞선 선배가 망치질 하나 순순히 가르쳐줬을 리 없고, 스승의 꾸지람 없이 터득한 기술이 어디 하나 있겠는가. 허드렛일부터 시작하여 묵묵히 이겨냈을 것이다. 대목의 그렝이질을 바라보면서 그 경지에 도달하기 위해 몸부림쳤을 지난 세월을 읽는다. 그리고 새끼 목수처럼 힘들게 일을 배우던 첫 사회생활이 아린 추억으로 되살아난다.

부푼 마음으로 들어선 회사는 두려움뿐이었다. 첫날부터 새끼 목수 일조차도 준비되어 있지 않았다. 허드렛일은 견딜 만했으나, 모든 일이 낯설고 무엇 하나 자신 있는 것이 없었다. 대팻집마저 잡을 수 없는 어린아이처럼 막막했다. 나는 먹줄 하나 제대로 띄울 줄 모르고 치수 하나 제대로 잴 줄 모르는 새끼 목수였다.

업무를 시작하면서 배울 것이 너무도 많음을 깨달았다. 실수를 자주 하고 일은 거칠었다. 누구 하나 자세하게 가르쳐 주는 이도 없었다. 대패질도 제대로 하지 못하면서 막돌에 맞게 그렝이질을 해야 했다. 노력만으로 되는 것도 아니었다. 자신을 깎아야만 했다. 하나를 실수하면서 둘을 배워 나갔다. 그럴 때마다 숨이 막혀 왔지만, 또 다른 실수는 막을 수 있었다. 자주 회의에 빠졌다. 내 업무에 대해 자신 있는 날은 결코 올 것 같지 않았다.

겨우 내가 업무에 익숙해졌을 때, 회사에서는 혁신적인 인사이동이 있었다. 마치 주춧돌만 남기고 그 위에 다시 집을 짓듯 대대적인 교체를 했다. 새로운 기둥으로 쓰일 후배들도 들어왔다. 그들을 보면서 내 지난날의 고통이 아프게 느껴졌다. 저들도 그렝이질 할 수 있는 능력을 갖추기까지는 많은 날이 필요하겠지.

스스로 그렝이질을 할 수 있도록 도와주고 싶었다. 충고와 조언을 싫어했지만, 그들을 위해 할 수 있는 일이 무엇일까 찾아보았다. 사회 초년생 때부터 있었던 실수담을 모아 후배들에게 보여주기로 마음을 먹었다. 십 년 동안 한 가지 일에만 전념했더니 제법 쓸 것들이 많았다. 한 줄 한 줄 쓸 때마다 지난 일들이 떠올랐다. 내 실수는 뜻밖에 잦았다. 이미 지난 일이지만 얼굴이 후끈 달아올랐다. 부끄러웠다. 그러나 후배들을 위해서는 꼭 써 놓아야 했다. 아쉬운 마음으로 회사를 떠나면서 나는 그 기록을 회사에 남기고 왔다. 그것이 회사에서 신입사원 교육용으로 쓰이고 있다는 말을 얼마 전 후배에게 들었다.

쓰라린 고통 없이 이루어지는 일은 없나 보다. 매운 눈물을 훑으며 익힌 일일수록 빛이 난다. 쇠 방망이를 숫돌에 갈아 바늘을 만드는 심정으로 익힌 것이 참 기술이다. 그 기술이라야 진정 막돼먹은 주춧돌 위에 기둥을 안전하게 세울 수 있을 것이다. 그를 위해 많은 시간을 투자하고, 온갖 역경을 극복하는 노력은 경건하다 못해 신성하다.

땀을 흘리며 그렝이질하는 대목의 어깨 위로 저녁 햇살이 빛나고 있다.

볼링장에서

유리문 안으로 볼링장 내부가 훤히 들여다보인다. 레인 위에서 공을 던지는 사람이 있다. 곧이어 폭포 소리처럼 요란한 소리가 볼링장 밖까지 들려온다. 왠지 답답했던 내 마음속까지 시원해지는 느낌이 든다. 그래서 볼링장 근처에만 가도 나는 기분이 좋아진다.

그런데 볼링장 한쪽 구석에 있는 젊은 사람들이 눈에 띈다. 싱글벙글하던 얼굴이 갈수록 심드렁해진다. 공을 던지고 내려온 뒤 점수를 확인하는 얼굴에는 아쉬움과 서운함이 가득하다. '똥통'으로 공이 굴러갈 때도 점수판을 올려다본다. 점수가 아니라 기본 자세부터 배워야 할 것 같은데 안타까운 마음이 들어 젊은이를 지켜본다. 젊은 날의 나를 보는 것 같아 안쓰럽다.

난생처음 선배들을 따라 볼링장에 갔을 때 나는 깜짝 놀랐다. 많은 사람으로 북적거리던 볼링장에서 들려오던 요란한 소리는 마치 천둥 치는 들판에 서 있는 기분이 들게 했다. 그래도 볼링 핀을 전부 쓰러뜨린 사람들이 내려올 때 즐거워하던 표정은 소나기가 지나가고 난 뒤에 불어오던 바람처럼 맑고 밝았다. 나는 선배로부터 볼링을 배웠다. 평소에는 근엄하던 선배였건만 볼링장에서 본 선배는 자상했다.

"머리는 멀리 있는 핀을 응시해라. 눈은 서 있는 자리에서 서너 발걸음 앞에 있는 화살표를 봐. 다리는 레인 위에 찍혀 있는 점 중에서 두 번째와 세 번째 사이에 있게 하고, 공은 레인 위로 살짝 밀듯이 굴려야 해. 그리고 공을 잡았던 오른쪽 팔은 복사뼈를 스친 뒤 오른쪽 귀에 닿도록 쭉 뻗어야 한다."

여러 번 되풀이하며 일러준 선배의 말을 귀담아들었지만, 내 몸은 선배의 말처럼 되질 않았다. 남들은 쉽게 하는 것 같은데 나에겐 어려운 자세였다. 평소 운동을 그다지 좋아하지 않는 편이라서 더욱 힘들었다. 그때부터 나는 매미가 되기 위해 짧게는 몇 년, 길게는 십여 년을 땅속에서 인고의 세월을 보내는 굼벵이처럼 나 자신과 싸워야 했다. 그것은 어쩌면 평생에 걸쳐 해야 할 수련이었는지도 모른다.

화장실 근처의 인적이 드문 곳에서 혼자 거울을 보며 연습했다. 어느 정도 시간이 흐른 뒤 선배는 내기 게임을 하자며 편을 갈랐다. 게임에서 진 팀이 게임비와 저녁식사 비용까지 책임지자는 것에 대해 선배들이 동의하자 나도 한 팀의 일원이 되었다. 하지만 나는 아직 기본자세도 제대로 못 갖추지 않았는가.

하지만 선배는 게임을 통해 나의 부족한 부분을 빨리 발견하고, 채우기 위해 노력하는 과정에서 진정한 즐거움을 터득하라고 일부러 게임을 제안한 것 같다. 선배와 같은 팀이 된 나는 여간 부담스러운 것이 아니었다. 처음에는 팀원들에게 피해를 줄 것 같아서 하지 않으려고 했다. 하지만 지금까지 하던 대로만 하면 된다는 말에 용기를 얻었다.

그런데 시간이 흐를수록 체력이 약해져서 자세가 자꾸 흐트러졌다. 나중에는 공을 드는 것조차 힘이 들었다. 점수까지 신경 쓰다 보니 레인 위에 올라가는 일은 가시방석 위에 서 있는 것처럼 괴로웠다. 나의 뒷모습을 바라보는 선배들이 신경 쓰여서 한 발짝 떼어 놓는 것도 두려웠다. 다행히도 한 팀이었던 선배들의 맹활약으로 우리 팀이 이겨서 그나마 나는 체면 유지를 하게 되었다. 그때를 생각하면 지금도 얼굴이 화끈거리고 부끄럽다. 그날 이후 나는 틈만 나면 볼링 자세를 연습했다. 그런 자세가 몸에 배어서 지금도 가끔 길을 걷다 팔을 흔들 때가 있다. 몸이 둔한 내가 운동을 좋아하게 되고, 남과 더불어 즐겁게 살아갈 수 있게 된 것은 선배 덕분이다.

지금 볼링장에서 공을 굴리는 젊은 사람들에게 그 옛날의 고참 선배 같은 어른들이 옆에 있다면 얼마나 좋을까. 볼링의 기본자세를 알게 되면 한층 더 운동이 즐거워질 것이다. 그러나 볼링장에는 함께 온 사람들끼리 즐길 뿐, 주변을 돌아보는 사람은 없다. 아니 어쩌면 그들도 볼링의 기본을 모르고 있는지도 모른다. 기본자세부터 배워야 할 어린아이조차 점수에 연연하는 세상이 아닌가.

스트레스를 풀고, 호연지기까지 기를 수 있는 볼링을 가르쳐 준 선배들이 그립다. 그 시절의 선배들은 후배를 위해서 물심양면으로 후원을 해주었다. 도저히 갚을 수 없을 만큼의 큰 사랑이었다. 끝내 나는 선배들에게 따뜻한 밥 한번 살 기회가 없었다.

"이자까지 합쳐서 후배에게 갚으면 돼."

수십 년이 지난 오늘 문득 후배에게 갚으라는 선배의 말이 메아리가 되어 귓가에 울려 퍼진다. 볼링가방을 찾는다. 지퍼에 푸른 녹이 슬어 있다. 푸른 흔적을 없애기 위해 녹 제거제를 뿌린다.

5부

내화토 받침

내화토 받침은 불가마 안에서 도자기가 흔들리지 않도록 고정해주는 역할을 한다. 도자기에서 흘러내린 유약이 바닥의 흙과 엉겨 도자기 밑에 묻는 것을 방지해 준다. 한 개의 도자기 밑에는 여러 개의 내화토 받침이 필요하다. 서로 부딪칠 때마다 나는 소리가 맑고 고왔다.

내화토 받침의 모습은 다양하다. 내가 본 것은 못난 송편을 닮았다. 엄지의 지문 자국이 선명했다. 동글동글한 지문을 보니 도공의 삶이 다가왔다. 도공은 평생 물레를 돌리며 흙 반죽에서부터 도자기 빚기까지, 또 불가마 속에서 구워낼 때까지 얼마나 많은 정성을 기울였을까. 그러니 한번 쓰고 버려지는 투박한 내화토 받침에도 정성껏 지문을 남겼겠지. 지문 하나 남길 수 없는 도자기에 서월의 호수 빛 같은 자기만의 색깔을 물들였으니 그 마음이 참 소박하다.

내화토 받침을 보자 문득 초등학교 시절이 떠오른다. 우리 동네에는 야학교가 있었다. 중학교로 진학하지 못한 달동네 학생들을 위한 곳이었다. 학생들의 글 읽는 소리와 웃음소리가 산기슭에 메아리쳤다. 세상에서 가장 아름다운 소리라고 어른들이 말씀하셨다. 이따금 들려오던 주판 놓던 소리는 파도 소리처럼 우렁찼다. 그러나 내 귀에는 선생님의 카랑카랑한 목소리가 더 멋있게 들렸다. 아이들을 위해서 선생님들은 내화토 받침이 되었다. 내 눈에는 선생님들이 도자기처럼 귀하게 보였다.

세월이 흘렀다. 친구들은 초등학교 선생이 되어 꿈을 이뤘다. 나는 회사원이 되었다. 고개를 잘 들지 못할 정도로 수줍음이 많은 내가 선생이 될 수 없다고 생각했다. 더군다나 남 앞에서 내세울 재주도 없었다. 사회에 나와서 알았다. 내화토 받침처럼 뒤에서 묵묵히 도와주는 역할이 내 몫이라는 것을.

스무 살 때부터였다. 몇 년 동안 정월 초하루가 되면 친구와 함께 덕수궁 뒤뜰을 거닐었다. 우린 서로 독신으로 살기로 맹세했다. 고아원을 차리기로 했다. 그러나 여러 가지 조건을 다 갖추기엔 시간이 너무 오래 걸렸다. 우선 작은 힘이나마 보탤 곳을 찾았다.

노량진에 있던 영아원을 찾아갔다. 해외로 입양되는 아기들을 엄마 대신 따뜻하게 보듬어주고 싶었다. 물론 똥 기저귀쯤이야 각오한 일이었다. 문을 열고 들어서자마자 한 아기가 크게 울기 시작했다. 아무도 신경을 쓰지 않는 것 같았다. 가까이 다가가자 아기가 내게 손을 뻗쳤다.

그런데 그곳에서 근무하던 사람들이 안아주지 못하게 했다. 한 번 안아주게 되면 습관이 되어 자꾸 안아주어야 하는데, 일손이 달려서 그렇게 할 수가 없다고 했다. 듣고 보니 그 말도 일리가 있었다. 우리가 생각했던 봉사활동과는 너무 달라 실망했다.

몇 번 더 그곳을 찾아갔다. 그러나 매번 사람의 손길을 그리워하며 그 아이는 울어댔다. 얼마나 서럽게 울던지 목소리만 들어도 눈물이 핑 돌 지경이었다. 아이와 눈길이 마주칠 때마다 그렁그렁한 눈빛이 자꾸 마음에 걸렸다. 아이의 눈물을 나 대신 닦아줄 손수건만 백 장 사다 주고 다시 가지 않았다.

당시 나는 보험회사에서 경리를 보고 있었다. 회사 안에서는 보험금을 더 받으려는 사람들과 규정대로 처리해야 하는 직원 간의 분쟁이 종종 오갔다. 싸우는 소리만 들려도 겁이 났다. 그들이 싸웠던 것은 돈 때문이 아니었을지도 모른다는 생각을 그때 처음으로 했다. 따뜻한 말 한마디, 마음을 다하는 성의 있는 태도 등 그런 것들이 필요했을지도 모른다는 생각이 들었다.

그날부터 나는 사람들에게 말 한마디라도 따뜻하게 하려고 노력했다. 좋은 문장을 수첩에 베꼈다. 거울을 보며 표정 연습도 했다. 차츰 용기가 생겼다. 싸우는 사람에게 다가가 차 한 잔을 건네줄 만큼. 먼 훗날의 거창한 일보다는 지금 내가 서 있는 자리에서 하는 작은 일이 더 중요하다는 것을 깨달았다. 비록 스쳐 지나가는 사람이라도 정성을 다하려고 노력했다.

중년이 된 지금, 나는 동네에 있는 마을문고에서 봉사하고 있다. 어린 시절의 꿈이 이루어졌다고나 할까. 처음에는 한 달에 한 번씩 문이 닫힐 때마다 봉사하던 곳이었다. 이제는 자나 깨나 마을문고 생각뿐이다. 나뿐만 아니라 마을문고에서 자원봉사하는 사람들도 한 가지 생각뿐이다. 아이들이 좋은 책을 읽을 수 있게 하는 것. 다양한 책을 준비해 놓는 것. 자주 새로운 책으로 바꿔 놓는 것. 그런 마음이 바로 자기만의 빛깔로 도자기를 빚은 도공의 마음이 아닐까.

우리 동네에는 내화토 받침 같은 사람들이 많다. 남을 위해서 기꺼이 불가마 속에 뛰어 묵묵히 제 할 일만 할 뿐이다. 그들이 있는 곳에는 웃음소리만 가득하다. 나보다 상대를 돋보이게 할 때 나는 웃음소리다. 나도 그 맑은 웃음소리를 닮고 싶다.

남편의 여친이 되어 주세요

"남편의 여친이 되어 주세요."

상담이 끝나자 후배가 내게 부탁을 했다. 요즘 남편이 불면증에 시달리는데 술을 자주 마셔서 걱정이라고 했다. 어떻게 친구를 하느냐며 말꼬리를 흐렸다. 때마침 후배의 남편으로부터 전화가 걸려왔다. 술 한 잔 꼭 하고 가라는 말이 전선을 타고 들려왔다.

차마 거절할 수 없었다. 예매한 기차표를 취소한 뒤 막차를 예매했다. 덕분에 두 시간 반 정도 여유가 생겼다. 후배와 나는 서

둘러 술집으로 향했다. 술집에 도착했을 때 술병은 이미 반쯤 비어 있었다. 후배 남편으로부터 술 한 잔을 넙죽 받았다. 술잔을 앞에 놓고 나니 입이 얼어붙었다. 후배는 내가 남편의 고민을 해결해 주리라 믿는 눈치였다. 사람은 가리지 않아도 분위기를 가리는 편이라 나는 그만 카리스마 넘치는 후배의 남편 앞에서 주눅이 들었다.

첫인상이 엄격해 보이는 후배의 남편. 망망대해 위에 떠 있는 북극성처럼 유난히 반짝이는 눈빛이 나를 주눅 들게 했다. 속마음은 여린 사람이라는 것을 잘 알면서도 선뜻 말을 꺼낼 수 없었다.

그런 내 마음을 모르는 후배가 열심히 삼겹살을 구웠다. 삼겹살이 익는 소리와 사람들의 말소리가 뒤섞여 실내가 소란스러웠다. 그래서 나는 후배의 남편 쪽으로 몸을 기울인 채 동그랗게 만 손을 오른쪽 귀에 댔다. 그의 이야기를 경청하면서 가끔 메모도 했다.

뱃사람 이야기는 생소해서 조금 놀라웠다. 후배도 남편의 과거는 처음 듣는다며 연신 맞장구를 쳤다. 사람들의 인생은 다 한 편의 소설 같다고 한다. 사람에 따라 단편소설, 장편소설, 대하소설로 나누어진다. 그녀의 남편 이야기는 장편소설 같았다.

특히 비단결 같은 밤바다가 유혹할 때 신발 두 짝 가지런히 벗어놓고 빠진 사람 이야기라든가, 바람 한 점 없는 고요 속에서 들려오는 이상한 소리에 대한 이야기를 들을 때는 소름이 돋기도 했다. 거대한 파도와 싸우고 많은 주검을 보며 여린 사람이 오기의 사나이로 변했다는 것을 느낄 수 있었다. 그에게는 자기를 이해해 주는 친구가 있었다.

"내 맘속에 행국이, 네가 있는데 뭔 말이 더 필요하냐."

시시콜콜 이야기하지 않아도 마음속 깊이 자기를 이해해주는 친구였다. 사나이의 진한 우정을 말 한마디로 느낄 수 있었다. 그런 친구를 가진 그녀의 남편이 참 멋있어 보였다. 그래서 친구의 우정을 위해서 건배했다. 그때의 눈빛은 개구쟁이처럼 순수해 보였다.

가을이 깊어갈수록 자기를 이해해주는 친구보다는 옆에서 함께 술이라도 마셔줄 친구가 필요하다는 생각이 든다. 가끔 아픈 기억들, 잊고 싶은 기억들이 꿈에서 되살아나 불면의 밤을 보내게 하는 것 같다. 한번쯤 누군가에게 마음속 깊은 곳에 감춰두었던 비밀들을 털어 놓았더라면. 그를 옥죄는 덫에서 해방되었을 텐데.

자신의 치부를 드러내는 일에는 용기가 필요하다. 그래서 소주

반병을 미리 마신 걸까. 나를 마음 좋은 누이처럼 생각해서 속내를 털어놓은 모양이다. 그동안 한 번도 털어놓지 않은 비밀 이야기를. 내 마음 같아서는 밤새도록 그의 마음속 비밀 창고에 있는 이야기들을 다 들어주고 싶었다. 하지만 다음 날 아이가 수능 시험을 보러 가야 하기 때문에 아쉬운 마음으로 헤어질 수밖에 없었다.

목포역으로 가는 택시를 탔다. 백미러를 통해서 후배 부부를 보았다. 둘이 장난치며 다정스레 걸어갔다. 진정한 여친은 멀리 있는 것이 아니라, 늘 가까이에 있다.

가을이 깊어갈수록 마음으로 이해해주는 친구보다는 술 한 잔, 혹은 차 한 잔 함께 마시며 이야기할 친구가 그리워진다. 먼지 같은 아픔을 혼자서 털지 못하는 사람들의 여친이 되고 싶다. 한 번에 훅, 불어서 슬픔을 날려 버릴 수 있는 바람 같은.

노마드 시대의 철새를 보며

새들이 보금자리를 만든다. 나뭇가지를 물고 날아다닌다. 얼기설기 엮은 둥지 속이 깃털로 장식되어 있다. 저 많은 깃털은 어디서 다 물어왔을까. 언젠가 떠날 둥지이건만 평생 살 집처럼 온 정성을 기울인다.

새를 보니 부임지로 옮겨 다니던 시절이 떠올랐다. 서울에서 목포로 발령 났을 때, 한두 해가 지나면 서울로 돌아갈 거라고 예상했다. 그래서 얼떨결에 분가했다. 가구가 없었기 때문에 열일곱 평 아파트는 네 식구가 살기에 넓었다. 나무로 만든 사과

궤짝을 책꽂이, 신발장으로 사용했다. 옷은 종이상자에 넣었는데 해가 바뀔수록 종이상자가 높이 쌓였다. 장롱 대신 설치한 행거가 한밤중에 무너지기도 했다.

계절이 바뀔 무렵이면 발령 소식이 들려왔다. 미리 짐을 꾸렸다. 그러나 번번이 발령은 나지 않았다. 그렇게 오 년이 지나갔다. 가끔 바닷가에 가서 바위 틈의 게를 잡거나 공공도서관에서 빌려온 책을 읽었다. 비록 문화생활에 대한 갈증은 있어도 자연 속에 있어서 참 좋았다.

다시 대전으로 발령이 나자 가족회의를 했다. 어느 곳이 좋을지 지도를 보며 고민했다. 도서관 근처의 아파트를 구하기 위해서 주말부부로 지낸 지 석 달 후 이사했다. 도서관 가까이에 보금자리를 만든 것은 아이들뿐만 아니라 나에게도 현명한 선택이었다.

도서관에서 역사 강좌를 했다. 학교 다닐 때 가장 싫어했던 과목이었기 때문에 망설였으나 대전에 관한 역사와 문화의 이야기여서 신청했다. 대전을 이해하는 데 많은 도움이 되었다. 어느 순간 역사가 한 줄로 꿰어졌다. 역사의 매력에 점점 빠져들었다. 세월이 흐른 뒤 학교에서 강의까지 하게 될 줄은 미처 몰랐다. 내겐 가문의 영광이었지만, 학생들에게는 미안했다. 결국 사이버

대학의 문을 두드렸다. 배우면 배울수록 부족한 것들이 더 많게 느껴졌다.

아는 만큼 보이는 걸까. 어느 날 교과서에서 남루한 사진 한 장을 발견했다. 전설로만 알고 있던 벙어리샘이었다. 빗자루를 들고 가서 청소라도 해주고 싶을 정도로 초라한 사진이었다. 실제로 벙어리샘을 보았을 때도 약간 실망스러웠다. 도무지 전설의 샘이라고 느껴지지 않았다. 스티로폼으로 덮여 있었으니까.

그래서 벙어리샘의 존재라도 알릴 수 있는 간판을 만드는 데 해가 넘어갔다. 결국 주민자치위원회의 도움으로 간판을 달고 샘이 깊어 뚜껑도 씌웠다. 그러자 교과서의 사진도 산뜻하게 바뀌었다. 가끔 교과서 두 권을 펼쳐놓고 혼자 씨익 웃곤 한다. 혼자서는 할 수 없는 일을 여러 사람과 더불어 이루어낼 수 있었다. 사람이 꽃보다 아름다운 이유를 그때 알았는지도 모른다.

유목민처럼 떠돌며 산 지 어느새 십오 년이 흘렀다. 어느 곳에 살든지 정성을 다하면 내 보금자리가 된다. 서로 도와가면서 살아갈 때 삶은 더욱 윤택해지고 풍요로워질 것이다. 한때 내가 살았던 동네를 조금이라도 아름답게 만들고 떠난다면, 얼마나 살기 좋은 세상이 될까.

요즘 철새 중에는 기상변화로 떠나지 않는 새가 있다고 한다. 얼마나 정情이 들었으면 돌아가지 않는 걸까. 철새의 마음을 조금은 이해할 수 있을 것 같다.

배롱나무

삶의 온기가 빠져나가자 집이 서서히 무너졌다. 그 집을 보면서 나는 문화재가 생각났다. 박제가 된 문화재에 온기를 불어넣어 주어야 한다고 느꼈다. 그래서 집 가까이에 있는 유회당을 찾게 되었다. 처음에는 동네 개구쟁이들의 입김이라도 유회당 안에 많이 불어넣으려고 시작했다. 해가 바뀔수록 많은 학생과 함께 그곳을 찾게 되니 의무감마저 느끼게 되었다. 유회당을 찾는 학생들이 살아있는 부모의 소중함을 느낄 수 있게 되길 바랄 뿐이다.

근심이 없는 동네라는 뜻을 가진 무수동의 산 중턱 양지바른 곳에 유회당이 있다. '부모를 그리워하는 마음이 담긴 집'이라는 뜻을 가진 유회당은 조선 후기 권이진 선생의 별당이자 호이기도 하다. 시묘살이했던 삼근정사가 함께 있어서 부모님에 대한 생각이 간절해지는 곳이다.

그곳에는 아담하게 생긴 배롱나무 한 그루가 서 있다. 마치 오랜만에 찾아뵌 부모님처럼 만날수록 반갑고 정이 든다. 진분홍의 꽃이 맺힐 때부터 마지막 꽃잎이 질 때까지 나는 그곳을 찾아간다. 백일 동안 꽃을 피운다 하여 목백일홍이라고도 부른다. 초여름부터 서리가 오기 전까지 많은 꽃을 피우기 때문인지 줄기가 앙상하다. 앙상한 줄기를 보고 있으면 평생 자식들 뒷바라지에 살가죽만 남은 부모님이 생각나서 처연해진다.

자식들을 먼저 챙기느라 자신은 돌보지 못한 부모님처럼 배롱나무의 수피가 얇다. 다른 나무들처럼 두껍고 단단한 수피를 가졌더라면 걱정이 덜 될 텐데. 찬바람이 옷깃을 파고들면 얇은 수피를 가진 배롱나무 때문에 조바심이 난다. 지금이라도 모든 힘을 모아 줄기로 보내면 좋으련만 몸속에 남아 있는 피 한 방울마저도 꽃으로 피워 올리는 배롱나무.

보면 볼수록 정이 든다. 알면 알수록 의연한 모습에 숙연해지기까지 한다. 배롱나무의 꽃이 지고 나면 서리가 내린다는 말이 있다. 한여름 뙤약볕 아래서나 장맛비 속에서도 끊임없이 꽃을 피우던 배롱나무의 정성에 감동하여 하늘도 꽃이 질 때까지 기다려주는 것이 아닐까 하고 상상해 본다. 그래서 나는 배롱나무를 만나면 그냥 지나치지 못한다. 한참 동안 배롱나무의 한숨 소리에 귀를 기울이고 가지라도 한번 쓰다듬은 뒤 지나가게 된다.

배롱나무는 내 부모님 같다. 어쩌면 유회당을 찾는 것도 배롱나무 때문인지도 모른다. 지금은 부모님이 살아계시지만 자주 찾아뵙지 못하니 여간 죄스러운 마음이 드는 것이 아니다. 삭아서 떨어진 나무 조각들을 보면 가슴이 철렁 내려앉는다. 내가 만날 수 있는 것들이 점점 사라지고 있다는 느낌이 들기 때문이다.

눈에서 멀어지면 잊힌다는 말처럼 유회당 청소를 가지 않을 때는 부모님 생각도 희미해진다. 다행히 올봄에 이사 간 아파트에는 배롱나무가 곳곳에 심겨있다. 늘 용기와 희망을 불어 넣어주던 부모님처럼 배롱나무의 진분홍 꽃은 무더위에 지친 나를 위로하고, 우울한 장마철에도 기분을 밝게 해주었다. 배롱나무 덕분에 어느 때보다 부모님을 자주 찾아뵈었다. 그때마다 앙상한 가지만 남은 배롱나무처럼 야윈 부모님을 보았다.

가을이 깊어가니 꽃 피우는 일을 멈추고 줄기로 모든 힘을 보낸다면 얼마나 좋을까. 자식들에게 콩 한 쪽이라도 더 주려고 뻣뻣해진 다리를 질질 끌고 다니던 부모님처럼 고집스럽게 꽃을 피운다. 우리들의 부모님은 배롱나무처럼 고단한 삶을 살아왔다. 일본 제국주의와 6·25 전쟁을 겪고, 숱한 시련 속에서도 끈질기게 버텨왔다. 그들의 희생이 있었기에 오늘날 내가 있고, 나라도 있는 것이 아닌가.

더 많은 것을 주지 못해 안타까워하고, 죽는 날까지도 자식에 대한 사랑으로 가득했던 우리들의 부모님. 이제야 그들의 고단한 삶에 대해 이해하기 시작했는데 그들이 떠나고 있다. 나의 마음은 아직 떠나보낼 준비가 되어 있지 않다. 그들의 고단했던 지난 세월을 밤새워 듣고 싶다. 그들은 또 얼마나 하고 싶은 이야기가 가슴속에 쌓여 있을 것인가. 함께 울고 웃으며 이야기를 듣고 난 뒤 당신의 삶도 의미가 있었다고 이야기해주고 싶은데 세월이 기다려주질 않으니 안타까울 뿐이다.

배롱나무의 꽃말처럼 떠나간 뒤에 그리워하고 싶진 않다. 그 날이 오기 전에 한 번이라도 더 만져 보고, 꼬옥 보듬어 주련다. 뼈만 남아 앙상한 몸을.

오이지

싱싱한 조선오이다. 항아리 속에 차곡차곡 넣는다. 팔팔 끓는 소금물을 붓는다. 오이들이 보이지 않도록 나무판자로 덮고 그 위에 큼지막한 돌을 여러 개 올려놓는다. 뚜껑을 덮고 익기만 기다린다.

며칠이 지난 뒤 뚜껑을 연다. 새콤한 냄새가 난다. 잘 익은 오이지만의 독특한 냄새다. 돌을 꺼내고 나무판자를 걷어낸다. 노르스름하게 잘 익은 오이지들이 항아리 속에 빼곡하다.

오이지는 더위에 지친 사람들이 땀으로 흘려버린 염분을 보충

해주는 밑반찬으로 쓰인다. 짭조름하면서 담백한 맛이 일품이다. 게다가 아삭아삭 씹히는 소리는 매미 소리처럼 정겹다. 오랜 세월을 땅속에서 견딘 매미가 토해내는 소리처럼 고통 속에서 견딘 오이지만이 낼 수 있는 소리다. 항아리 속의 답답함을 견디고, 끓는 소금물의 고통을 참고, 누름돌의 무게도 이겨내며 흘린 눈물 소리다.

항아리 속에 있는 조선오이들이 모두 오이지가 되는 것은 아니다. 두 동강이 나거나 속이 물러버린 것도 있다. 시련을 견디지 못하고 주저앉은 나약한 모습이다. 무기력했던 예전의 내 모습처럼 보인다.

내가 완전히 다른 사람으로 변하게 된 것은 연수원에 입소한 뒤 남한산성을 오르면서부터였다. 해 질 무렵 남한산성에 도착했다. 야간산행이 시작되었다. 손전등도 준비하지 못한 나는 앞이 캄캄했다. 어둠을 뚫고 가야 한다는 사실이 마냥 두려웠다. 어떻게 하면 벗어날 수 있을까. 아프다고 핑계를 댈까. 그러기엔 너무 늦어버렸다. 연수원을 떠나오기 전에 미리 말했어야 했다. 어쩔 도리가 없었다. 그저 무사히 이 산만 넘어갈 수 있길 빌었다.

어둠 속에서 동료의 옷자락을 꼭 붙잡고 동료가 비추는 손전등 불빛에 의지하면서 걸었다. 불빛에 일렁이는 사물들이 헛것으로 보였다. 돌부리에 차이고 나무등걸에 걸려 넘어질 때마다 아픔보다 두려움이 더 앞섰다. 두려움 때문에 고통스러웠다. 그저 풀과 나무일 뿐인데 착각했다. 크게 숨을 들이쉬고 내뱉었다. 나에게 최면을 걸었다. 그냥 풀이고 나무다. 그냥 풀이고 나무다…….

산속에서 조교들을 만났다. 마치 신병훈련소에 온 것 같은 기분이 들었다. 조교들이 지시하는 대로 따라야 했다. 처음에 토끼뜀을 삼십 번 뛸 때만 해도 견딜 만했다. 오십 번을 뛰라고 했을 때는 볼멘소리가 새어 나왔다. 그러자 토끼뜀의 숫자가 늘어났다. 장난인가 싶어 한 번 더 야유를 보냈더니 토끼뜀의 숫자는 눈덩이처럼 불어났다. 겨울잠 자는 개구리처럼 둔한 몸으로 토끼뜀을 하기엔 너무 벅찼다. 땅바닥에 누워 좌우로 취침할 때는 정신을 차릴 수 없었다. 문득 별빛이 눈에 들어왔다. 어둠이 있어야 별이 빛나듯이 나도 이 고통을 견뎌야 한다는 생각이 들었다. 자신과의 싸움에서 이겨야만 통과할 수 있는 극기 훈련이었다. 그때까지 비정하다고 생각했던 조교들이 오히려 더 고맙게 느껴졌다.

수백 번의 토끼뜀을 뛰고 난 뒤여서 몸은 고통스러운데 정신이 자꾸 맑아졌다. 나는 얼마나 견딜 수 있는 걸까. 한계를 시험해 보고 싶었다. 손전등도 없이 산을 올랐다는 자체가 내겐 큰 위로가 되었다. 혹독한 훈련을 거치면서 자신감을 얻었다. 그러자 두려움이 감쪽같이 사라졌다.

정상에 도착했을 때 서로 부둥켜안고 울었다. 바람결에 땀 냄새가 물씬 풍겨왔다. 자랑스러운 향기였다. 땀범벅이 되어 도착하는 동료들의 등을 두드리며 격려해 주었다. 정상에 도착한 사람들만이 가질 수 있는 마음의 여유라고나 할까.

하산하던 중에 동료가 다쳤다. 나에게는 남을 도와줄 만한 힘이 남아 있지 않았다. 다리가 후들거려서 서 있기조차 힘들었으니까. 동료들에게 짐이 되어서는 안 되겠다고 생각했다. 내 몸을 잘 지키는 것이 그들을 돕는 길이라고 여겼다. 나를 바로 세우는 것 내 삶의 원칙이 되었다.

만일 그때 연수원에 입소하는 행운을 얻지 못했더라면 지금 나는 어떤 모습일까. 어둠을 두려워하고 고통을 견디지 못해 두 동강이 난 오이지처럼 되지 않았을까 싶다. 인생이란 결국 자기와의 전쟁이다. 자기를 극복해야 바로 설 수 있다. 성숙해지려면 아픔을 혼자 삭일 줄도 알아야 한다. 그러나 혼자서 고통을 감당하려면 힘이 든다. 동행하는 사람들이 있다면 고통도 기꺼이 받아들일 수 있게 된다. 서로 의지하면서도 홀로 설 줄 아는 사람들이 내 눈에 오이지처럼 보인다.

오팔

이리저리 움직인다. 움직일 때마다 색이 바뀐다. 푸른 바닷속 산호초 빛깔을 닮은 오팔 반지다. 오팔은 돌 자체의 수분이 부족하므로 잘 깨진다. 깨지지 않도록 물 컵 속에 넣어 두거나, 크림을 발라 보관한다. 물속에 넣어 둘 때는 자주 물을 갈아주고, 크림을 발라 두었을 때는 종종 새 솜으로 바꿔 준다. 늘 깨지지 않도록 살펴보며 세심한 주의를 기울인다.

외출하려고 서두르다 시멘트 바닥에 반지를 떨어뜨렸다. 반지의 한쪽 귀퉁이가 깨졌다. 뒤늦은 후회가 파도처럼 밀려왔다. 겨우 정신을 차린 뒤 깨진 오팔을 들고 보석상으로 향했다. 호주머니에 있는 오팔을 만지작거리자 허전함이 느껴졌다. 문득 어머니 얼굴이 떠올랐다.

오팔 반지는 결혼식 전날, 어머니가 내게 주신 것이다. 어머니의 것보다 색이 더 짙었다. 어렸을 때 나는 이불 속에서 어머니의 오팔 반지를 본 적이 있었다. 창호지 문을 통해 들어오는 달빛이 너무 밝아 뒤척거리고 있었다. 어머니도 마찬가지였나 보았다. 어머니는 아무도 몰래 흰 손수건 하나를 펼쳐 내게 보여 주었다. 그 속에는 금붙이와 보석 반지가 들어 있었다. 그중에서 우윳빛의 오팔 반지가 내 마음에 들었다. 반지를 이리저리 움직일 때마다 숨어 있던 색들이 나타났다. 하늘색과 연보랏빛과 붉은색이 섞여 호수 속에 잠긴 가을 산 풍경 같았다.

색의 유희에 빠진 나는 어린아이처럼 기쁨에 들떴다. 결혼식 전날까지 회사에 다녔던 나는 어머니와 대화할 시간이 별로 없었다. 더군다나 주일학교 교사를 하느라 가족들과 대화할 시간마저 부족했다. 그러니 자식을 떠나보내는 부모의 마음은 얼마나 허전하고 불안했을지, 형제들의 아쉬움은 또 얼마나 컸을지, 반지를 보며 좋아하느라 미처 헤아리지 못했다. 자식 둘 낳으면 어미 생각도 나지 않을 거라는 어머니의 말씀만 귓전에서 맴돌았다.

결혼과 동시에 가족들의 생각은 차츰 잊혀 갔다. 시부모님 모시고, 두 아이 키우느라 바빴다. 게다가 지방으로 발령 난 남편을 따라 여러 해 동안 객지를 떠돌았을 때는 모든 일이 마음뿐이었다. 아이들이 방학하는 틈을 타서 일 년에 한두 번 부모님 얼굴을 볼 수 있었다. 그래서 친정에 가는 날은 늘 눈시울을 붉히며 돌아서야 했다. 이게 마지막이 아닌가 하는 불안한 생각을 떨칠 수 없었다. 흐르는 눈물을 보이지 않으려고 차를 빨리 출발시키면, 손을 흔드는 어머니의 모습은 백미러로 보이고, 뒤늦게 집 밖으로 나오신 아버지는 우리 차가 보이지 않을 때까지 한참을 서 계셨다. 창밖으로 손을 내밀고 들어가라는 손짓을 하면서도 차마 고개를 내밀지 못했다. 애써 웃으며 돌아서는 부모님의 뒷모습엔 아쉬움이 흙빛으로 물들어 있었다.

변호사인 할아버지 밑에서 자란 어머니는 마음이 넓었다. 우연히 전쟁의 상흔으로 얼룩진 아버지를 만난 뒤 주위의 반대를 무릅쓰고 결혼했다. 한 남자의 행복을 위해 기꺼이 자신을 희생할 줄 알았다. 아버지에 대한 연민이 사랑으로 바뀌고, 그 사랑이 자식에게 이어지기까지는 팔 년이란 세월이 걸렸다. 어머니는 자식들을 오팔처럼 키웠다. 깨지지 않도록 늘 조심하고 자주 살폈다. 어머니의 각별한 보살핌 속에서 자식들은 무탈하게 잘 자랐다.

혼자 걷기 시작할 무렵부터 어머니는 길가에 흩어진 돌멩이들을 치우기 시작했다. 아무리 쓸어도 흙먼지만 뽀얗게 날리던 골목길.

어느 날 나는 공사 중인 맨홀 속에 빠졌다. 그로 인해 이마에 상처가 났다. 수십 년이 지났어도 그 흔적은 지워지지 않았다. 그 상처를 만질 때마다 어머니의 사랑이 느껴진다.

다른 사람의 행복을 위해 자신을 희생한 어머니. 어머니의 사랑은 프로메테우스를 닮았다. 인간을 사랑한 프로메테우스가 신만이 사용하는 불을 인간에게 넘겨주고 그 형벌로 매일 독수리에게 간을 뜯기는 고통을 겪는다. 그러나 하룻밤만 자고 나면 고통을 잊어버리는 프로메테우스처럼 어머니의 사랑은 아직도 끝나지 않았다.

중증 장애인인 큰어머님을 돌보느라 거처를 서울에서 시골로 옮겼다. 집 주위에는 적송이 빼곡하게 자라고 있었다. 바람막이가 된 적송이 나 대신 어머니를 지키고 있다. 문득 어머니의 고통은 돌이 되고 연민과 기쁨과 슬픔이 한데 어울려 오팔이 된 것이 아닐까 생각했다.

오팔은 내게 어머니 같은 존재였다. 오팔만 있으면 힘들고 어려운 결혼 생활도 꿋꿋하게 헤쳐 나갈 수 있을 것이란 믿음이 있었다. 생활이 힘들어도 오팔을 끼고 있으면 든든했다. 오팔을 닦을 때마다 영롱한 빛들이 되살아나서 나를 위로해 주었다. 늘 용기를 북돋워 주던 어머니처럼.

눈에 보이지 않으면 잊힌다고 했다. 자주 꺼내보지 않았던 오팔 반지처럼 어머니에 대한 그리움도 잊혔다. 수분이 부족하면 스스로 깨져 버리는 것이 어디 오팔뿐일까. 사람도 마찬가지다. 특히 부모님은 살아계실 때 한 번 더 얼굴을 마주하는 것이 효도가 아닐까 한다. 하지만 부모님은 자식 걱정부터 한다. 힘든데 오지 말라고, 정 보고 싶으면 사진이나 꺼내 보라고 한다.

이번 일요일에는 부모님이 계신 솔숲으로 떠나야겠다. 벌써부터 솔향이 코끝에서 느껴진다.

6부

보아지

한옥에서 기둥이나 대들보에 못지않게 중요한 것이 하나 있다. 보아지이다. 대들보 밑에 숨어서 들보와 기둥의 짜임새를 보강해 주기도 하고, 아름다운 모양을 드러내어 장식되기도 한다. 보아지는 달리 양봉樑奉이라고도 부른다. 기둥 위에 있는 짧은 부재이기 때문에 눈여겨보아야 볼 수 있다.

보아지라는 이름이 주는 어감이 나는 참 좋다. 이 말은 '보'에 '-아지'가 붙어서 형성된 말이다. 본래 '-아지'는 어근에 붙어서 작은 물건이나 귀여운 이름을 나타내는 축소사縮小辭인 경우도 있고,

어근 의미의 새끼를 나타내는 경우도 있다. 전자의 경우에는 꼴아지, 모가지, 등이 있고, 후자는 강아지, 송아지, 망아지, 바가지, 살가지와 같이 새끼를 나타내고 있다. 새끼를 나타내는 경우에는 '-아기' 형도 보여 '싸라기'도 보인다. 그러니까 '보아지'는 작지만 대들보 밑에 숨어서 제 역할을 다한다는 뜻이 포함된 것이다.

궁궐이나 사찰에 사용된 보아지는 새의 날개 모양이다. 그 위에 단청이 칠해져서 화려하기 그지없다. 일반 한옥에서는 단청을 하지 않아서 그 느낌은 좀 다르다. 우선 대전 근교에 있는 동춘당同春堂과 남간정사南澗精舍를 보면 쉽게 알 수 있다. 팔작지붕이 있는 동춘당에는 단청 대신 고운 나뭇결이 질박한 멋을 풍긴다. 목공의 부드러운 마음이 보아지 끝에서 느껴진다. 정성껏 만들었다는 것을 한눈에 알 수 있다. 그리고 남간정사의 보아지는 아주 독특하다. 한 마리의 새 형상이다. 기둥마다 다소곳이 앉아 있는 새가 팔작지붕과 어울려 날아갈 듯하다. 남간정사의 소박한 모습을 보면 새들이 일제히 날갯짓하며 날아올라 온 세상이 드러날 것 같다. 그러면 산과 폭포, 바다와 섬, 그리고 남간정사가 모두 들어 있는 연못을 구경하려고 세상 사람들이 몰려갈지도 모른다. 보아지를 생각하다가 문득 얼마 전의 일이 생각났다.

탱자나무에 흰 꽃망울이 터질 무렵이었다. 계족산 어린이 생태

학교가 문을 열었다. 그곳에서는 모둠별로 두 명의 숲 해설사가 따라다닌다. 한 명은 앞에서 설명 수업을 하고, 나머지 한 명은 뒤에서 아이들의 안전에 신경을 쓴다. 나는 아이들의 뒤를 따라다니는 보조교사였다. 뒤처지는 아이의 손을 잡고 가거나 위험한 곳을 미리 알려주었다.

그런데 두 아이가 친한 친구와 떨어졌다고 심통을 부렸다. 새로운 친구를 사귈 수 있도록 골고루 섞다 보니 그런 일이 생겼다. 수업하는 동안 두 아이 때문에 애를 먹었다. 하지만 수업이 끝나갈 무렵에는 그 아이들이 웃으며 어울리는 것을 보니 마음이 놓였다.

쇠개불알풀꽃을 관찰하기 위해서 아이들이 비좁은 계단 옆으로 한꺼번에 몰린 적이 있었다. 북적거리는 아이들의 발밑에 깨알만 한 냉이꽃이 피어 있었다. 나에게 작은 것에 대한 아름다움을 느끼게 해준 꽃이다. 냉이꽃이 밟힐까 봐 한 손으로 꽃을 감싸고, 또 한 손으로 아이들의 발을 가로막았다.

키 큰 아이들 뒤꽁무니에 서 있던 아이가 애처로워 보였다. 내 목에 걸고 있던 루페로 냉이꽃을 보여 주었다. 루페는 일종의 돋보기다. 본래 루페는 일 인치 안에 몇 가닥의 실이 들어갔는가를 검사하는 섬유와 관련된 도구이다. 이것은 무엇인가를 확대하여 들여다보고 싶은 사람의 마음을 잘 후리는 마력이 있었다. 작은 것일수록 자꾸 들여다보게 한다.

아이는 자기 목에 걸려 있던 루페로 이리저리 꽃을 들여다보다가 어디론가 사라졌다. 나중에 알고 보니 냉이꽃의 아름다움을 어머니와 나누려고 뛰어간 것이었다. 어린것이 어떻게 그런 깜찍한 생각을 했을까. 아마도 주인을 따라다니는 강아지처럼 부모에게 배웠을 것이다. 아름다운 것을 자식에게 주고 싶은 어미의 마음이 고스란히 내 가슴으로 전해졌다.

등 뒤에서 아이 어머니의 독백 소리가 검은 등 뻐꾸기 울음소리처럼 울려온다. 왜 몰랐지, 왜 몰랐을까. 지천으로 깔린 것이 냉이꽃인데 왜 못 보았을까. 놀라워하던 표정은 목욕탕에서 흘러 넘치는 물을 보고 순금의 무게를 발견한 아르키메데스 같았다. 기쁨과 설렘이 가득한 마음으로 풀밭을 걸어 다니던 가족들의 뒷모습이 눈에 선하다. 아이가 없었다면 가능한 일이었을까.

따뜻한 마음을 가진 아이가 떠오른다. 처음에는 루페로 사물을 보는 것이 서툴렀다. 잘 안 보인다고 해서 두어 번 가르쳐 주었다. 그런데 어느 순간에는 요령을 터득했는지 툭 튀어나온 더듬이로 풀을 찾아 나선 달팽이처럼 한가롭게 돌아다녔다. 홀로 있어도 마냥 행복해 보였다. 공부는 그렇게 스스로 찾아서 하는 것이 아닐까. 아이들에게 책 대신 루페를 하나씩 선물하면 어떨까. 루페는 자연을 바라보는 또 하나의 눈이 될 것이다.

사람과 사람을 이어주고, 사람과 자연을 가깝게 해준 것은 큰 것이 아니었다. 작은 것이었다. 가족을 화목하게 만든 냉이꽃이나 자연과 눈 맞춤을 하게 도와준 루페, 그리고 아이들의 뒤를 따라 다니던 보조교사도 작지만 소중한 보아지의 역할이었다.

남간정사의 보아지를 떠올린다. 기둥과 들보의 짜임새를 튼튼하게 해주는 보아지. 때론 기둥 위에 앉은 새처럼 함께 있다는 사실만으로도 힘이 될 때가 있다. 나는 보아지처럼 살고 싶다. 루페처럼 작은 것의 아름다움을 드러내 줄 수 있는 보아지로.

옹이

오래 묵혀 두었던 나무 탁자를 꺼냈다. 책상 의자에 앉는 것보다 바닥에 앉는 것이 편했다. 앉은뱅이책상으로 쓸 적당한 것을 찾다가 언젠가 어머니가 계신 시골에서 가져다 둔 탁자 하나를 발견했다. 왜 쓰지 않고 묵혀 두었을까 생각하며 책상에 걸레질을 한다. 물결치듯 나뭇결이 그대로 드러나 있다. 가운데 진한 색깔의 옹이도 박여 있다. 걸레질을 하고서 앉으니 책상 사이로 다리가 들어가지 않는다. 두 다리를 펴고 앉는 것이 편한데, 탁자의 다리가 너무 짧아서 내 다리를 그 사이로 넣을 수가 없다. 앉은뱅이책상으로 쓸까 말까를 잠시 망설였지만, 나뭇결과 옹이가 아름다워서 불편함을 감수하기로 했다.

왜 나무속에 옹이가 생겼을까. 이 옹이는 왜 나무 밖으로 자라 가지가 되지 못하고 속으로 자라 옹이가 되었을까. 가지가 되었다면 또 다른 가지도 만들고 잎도 키우고, 열매도 맺었을 것을. 어쩌면 옹이는 나무의 아픔일지도 모른다. 밖으로 드러내지 못한 아픔을 자신 속에서 저렇게 가시로 키운 것은 아닐까. 가지가 되지 못한 옹이의 슬픔이 느껴지는 듯했다. 그러나 나무는 슬픔을 잘 다듬어 아름다운 옹이를 만들었다. 옹이가 박힌 탁자를 선택하게 된 것은 나무가 자신의 아픔을 아름다움의 디딤돌로 삼은 때문이었다.

어느 흐린 날 저녁 나는 어린 두 딸과 함께 텔레비전 앞에 앉아서 훌쩍이고 있었다. 텔레비전 속에는 나이든 아빠의 어린 보호자로 살아가고 있는 은정이가 있었다. 아빠의 병시중을 들기 위해 이년 반 동안 병원 생활을 해야만 했던 은정이. 친구들과 재미있게 뛰어노는 것도 잊은 채 수많은 환자 속에서 작은 어른이 되어있는 아이. 그 아이의 가슴속에서 지워져 버린 엄마의 기억을 들추어냈을 때, 웃음 뒤에 가려진 눈물을 보았다.

나 또한 자식을 키우는 어미로서 은정이 앞에서 잠시 부끄러웠다. 사진 속 지워진 엄마의 모습을 보면서 그 엄마 또한 어디선가 아이의 소식을 보고 듣고 있을지도 모른다는 생각이 들었다. 엄마 또한 아이만큼이나 가슴 찢어지는 고통 속에서 살고 있으리라.

어느새 딸들은 호박꽃처럼 호호호 웃음꽃이 볼딱지로 번졌다. 우리 딸들처럼 저렇게 그늘 없이 웃어야 할 어린 은정이는 소리 없이 미소만 짓고 있었다. 지금 걷고 있는 길이 돌밭뿐인데도 기꺼이 뿌리를 내려 예쁜 꽃을 피우고 있는 은정이의 모습이 아름답다. 사랑만이 겨울을 이기며 봄을 기다릴 줄 알기에 오늘 하얀 병실에 희망의 나무 한 그루 심는다. 희망의 나무를 가꾸는 딸과 아버지, 그들은 서로에게 존재 이유가 되고 힘이 된다.

요즘은 은정이처럼 어렵고 힘들게 사는 사람들이 방송을 통해 많이 보도되고 있다. 장애를 가진 아버지와 다섯 살 지능을 가진 일곱 살 동생과 함께 사는 아홉 살 남자아이도 있다. 그 아이도 아버지의 어린 보호자로, 두 살 아래인 동생의 엄마로 살고 있다. 가족 모두가 아파서 방치된 아이도 있었다. 그뿐만 아니라 태풍이나 지진 등의 자연재해로 삶이 어렵고 힘들어진 사람도 많다. 세상에는 이렇게 아프고 힘들어서 도움이 필요한 사람들이 참으로 많다. 그 누구도 대신할 수 없는 고통이다. 세상 모든 아픈 사람들이 자신의 고통을 아름다운 옹이로 만들 수 있다면 그 아픔이 단순히 고통에서 끝나지 않으리라. 또 다른 삶의 디딤돌이 되고, 지표가 되어 줄 것이다.

살아가면서 크게 남을 도와줄 경우는 별로 없지만 작게 도와줄 기회는 많다고 했다. 방송을 보면서 은정이를 위해서 할 수 있는 것이 무엇일까 생각해 보았다. 달고 맛있는 초록 수박 하나 보내며 시원한 여름 이야기 한 자락 글로 보내야겠다. 물기 많고 달달한 수박처럼 늘 웃음 잃지 않고 달달한 행복 만들며 살아내라 하고 싶다. 어떤 시련도 이겨내서 모나지 않고 둥글게 살아가라 얘기하고 싶다. 긍정적 사고가 나무속 옹이를 만들어 가리라 꼭 말해주고 싶다. 은정이처럼 힘든 사람들이 겨울을 견딘 봄처럼 아름다울 수 있기를 해님 아래 기도한다.

병원이 집이 되어버린 아이. 은정이의 삶도 누군가에겐 또 다른 희망이 될 수 있다. 아픈 만큼 성숙해지듯이 슬픔도 잘 가꾸면 아름다운 옹이가 된다고 말해주고 싶다. 아픔은 삶의 또 다른 디딤돌이 되어준다 이야기해 주고 싶다. 주위에 있는 여러 사람이 자주 은정이에게 눈길을 주어서 웃자라거나 삐져 자란 슬픔을 다듬을 수 있도록 해 준다면 얼마나 좋을까. 옹이가 곱게 앉은 슬픔은 사람의 심성을 깊고 넓게 만들어줄 것이다.

은정이의 지금 생활이 언젠가는 밝고 아름다운 그 아이만의 옹이로 자랄 수 있으리라.

키다리아저씨

"딩동."

벨소리에 급하게 현관으로 달려간다. 멀리 목포에서 배달된 갓김치다. 키다리아저씨가 보낸 선물이다. 키다리아저씨는 철마다 김치, 생선, 과일 등을 보낸다. 목포에서 대전으로 삶의 터전을 옮긴 지 오래되었지만 그는 아직껏 나의 키다리아저씨다. 서울에서 목포로 갈 때는 그저 잠시 머무를 것이라 생각하였지만 5년이라는 짧지 않은 시간을 보냈다. 그리고 철새처럼 또 옮겨갈지도 모를 곳이라 여겼던 이곳은 영원한 보금자리가 되었다.

서울 토박이이던 우리 가족이 남편의 직장을 따라 처음 목포에 내려갔을 때는 낯설고 외롭기만 했다. 살다 보니 초롱초롱한 별들을 많이 볼 수 있어 좋았고, 공기가 맑아서 좋았다. 고하도 앞 바닷가 유람선의 휘황찬란하게 흔들리는 오색등을 보며 세발낙지에 소주잔을 기울이던 친구들. 유달산을 돌아 시커먼 바다로 퍼져나가는 통기타 가수의 구성진 노랫소리에 흥을 돋우기도 했다. 그러나 목포가 좋은 가장 큰 이유는 키다리아저씨가 있기 때문이었다. 어렵고 외로웠던 시절, 그는 맛있는 밥을 사 주며 내 하소연을 들어주었던 사람이다. 목포를 떠나와서도 그는 철마다 때마다 음식을 보내고 전화를 걸어 힘든 일은 없는지 물어봐주고 행여라도 지나는 길이면 차 한잔을 같이하기도 했다. 순정 만화에 나오던 키다리아저씨처럼 그는 언제나 내게 힘이 되는 존재였다.

남편이 서울 시부모님 댁에 다녀오면 자동차 가득 먹을 것을 가져와서 친구들에게 나누어 주느라 참 기뻤다. 오솔길과 같은 사람, 사람 사이를 자주 오가는 편한 사람이 되고 싶었다. 목포 친구들과 행복과 고민을 나누면서 황무지 같았던 마음이 옥토로 변했다. 늘 고향처럼 깊은 사랑을 가득 담고 계신 키다리아저씨와 우정의 토양 속에서 내 마음에는 수많은 꽃들과 나무가 자랐다. 대전에 터를 잡은 지 오래, 서산 너머로 해 넘어갈 때면 달리는 기차 소리와 함께 내 마음도 목포로 달려간다.

'나의 키다리아저씨.'

그는 이름만 대면 알 만한 지역 기업의 대표다. 그리고 오랫동안 사진작가로 활동해온 이력도 있다. 그에게는 감히 쉬 다가가지 못할 만큼의 포스가 있다. 그러나 막상 그와 말을 트게 되면 정말 너그럽고 부드러우며 자상한 사람이란 걸 알게 된다. 그런 그가 나만의 키다리아저씨가 아니라는 것은 나중에 안 일이다.

그는 삼십 년간 모아온 지역대표기업의 술병들을 산업도자전시관에 기증하고 매화와 매실 예찬론을 펼쳤다. 남다른 지역 기업에 대한 애착과 자신이 살아온 삶의 여정 그리고 서민들의 애환이 담겨 있기 때문에 생활문화의 변천사가 녹아 있다는 점에서 그간 모아온 술병은 본인에게 큰 의미가 있다고 했다. 이는 지역 주류문화를 살펴볼 수 있는 특색 있는 볼거리로 학술적 가치와 전시가치가 매우 우수한 귀중한 자료로 평가되고 있다.

또 장수 사진을 미리 준비하면 장수한다는 의미를 가지고 있어 장수 사진이라 불리는 영정사진을 무료로 찍어드리기도 한다. 가장 곱고 아름다운 모습을 담고 싶은 어르신들의 마음을 헤아려 시간과 노력이 많이 드는 보정작업을 거친 장수 사진을 전달한다. 사진작가이기에 앞서 자식된 도리로 노인들을 돌봐야 한다는 신념으로 보훈가족이나 독거어르신 또는 장수어르신을 대상으로 사진을 찍어드린다. 이는 어르신들에게 있어 단순한 개인 사진이 아닌 제대로 된 말년 사진을 갖게 되는 기쁨의 순간이 되는 것이다.

기업인으로 예술인으로 활동하고 있는 그는 이외에도 많은 봉사활동을 하고 있다. 상을 받으면 상금뿐 아니라 사비를 털어 독거노인들에게 쌀을 전달해주기도 했다. 소년소녀 가장의 등록금을 후원해주기도 하고, 보육원이나 노인 복지원 등 전국 각지 복지단체에 후원하여 남몰래 봉사정신을 실시하고 있다.

"사람들은 흔히 봉사와 기부에는 돈이 제일이라고 말하지만 진정한 봉사는 내가 나눌 수 있는 것을 나누는 것"이라고 그는 말한다.

앞으로도 변함없는 꾸준한 봉사로 지역 어르신과 불우이웃, 소년소녀가장들이 함께 웃고 즐길 수 있는 사회를 만드는 데 작은 힘이나마 노력하겠다고 그는 덧붙여 말한다. 그의 따뜻하고 정성어린 봉사정신이 해피바이러스가 되어 주위에 퍼지고 있다.

나누는 능력도 살아있는 생물체와 같아서 쓰지 않으면 퇴화하고 잃어버리게 된다. 우리에게 필요한 것은 돈이나 권력이나 풍요로운 물질이 아닌 가슴속 뜨거운 사랑을 나눌 수 있는 마음일 것이다. 나도 누군가의 키다리아저씨가 되고 싶다.

팔봉산에서

정수기 앞이다. 한쪽 다리를 깁스한 사람이 휠체어에 앉아 있다. 정수기 쪽으로 팔을 뻗는다. 휠체어 때문에 팔이 닿지 않는다. 휠체어를 이리저리 움직이면서 팔을 뻗어 보지만 마음대로 되지 않는가 보다. 얼굴이 점점 굳어진다. 아마도 자신이 환자라는 사실을 받아들이지 못한 것 같다.

"도와드릴까요?"

휠체어를 탄 사람은 괜찮다며 정중하게 거절한다. 남에게 도움을 받는다는 것은 쉬운 일이 아니다. 도움을 줄 때 용기가 필요하다. 도움이 필요할 때도 용기가 있어야 한다. 휠체어에 탄 사람을 쳐다보면서 문득 오래전의 기억이 떠올랐다.

친구들과 함께 산에 갔다. 올망졸망한 여덟 개의 봉우리가 있는 팔봉산이었다. 팔봉산은 힘찬 기운이 가득하면서도 모나지 않고 부드러워 보였다. 팔봉산을 휘감아 도는 홍천강 덕분이었다. 홍천강은 유난히 맑았다. 홍천강에 비친 기암절벽의 팔봉산은 산수화를 직접 보는 것처럼 환상적이다.

팔봉산의 세 번째 봉우리에는 해산굴이 있다. 해산굴을 빠져나가려면 적어도 두 사람의 도움이 필요했다. 한 명은 동굴 안에서 밀고, 또 한 명은 동굴 밖에서 당겨야 한다. 일행 중의 누구도 남에게 도와달라고 말하지 않았다. 만약 우리가 도와달라고 했더라면 과연 사람들이 도와주었을까. 그건 잘 모르겠다. 아무튼, 남에게 도와달라는 말을 입 밖에 꺼내보지도 못했다. 스스로 해결하기로 했다.

바위를 타고 올라갔다. 바위 틈바구니에 손가락을 끼우고, 바위 모서리에 발끝을 디뎠다. 서커스를 하는 것처럼 아슬아슬했다. 이따금, 바위 모서리가 떨어져 나갈 때마다 가슴이 조마조마했다. 가끔 내 머리 위에도 부서진 돌이 떨어졌다. 뒤따라 올라오는 친구들은 얼마나 겁이 날까.

부서지는 바위 대신에 나무를 잡았다. 뚝, 나무가 부러졌다. 어떤 것은 뿌리째 뽑혔다. 잡을 거라고는 풀밖에 없었다. 머리카락처럼 가는 저 풀들이 무슨 힘이 있을까. 잡기만 하면 풀물이 주르륵 흘러내릴 듯 연약한 풀들은 끊어질 듯해도 뜻밖에 질겼다. 하나하나는 약해도 여럿이 모이면 강해진다는 말이 피부에 와 닿았다.

풀보다도 약한 것이 바로 나였다. 하늘이 노랗게 보이더니 금세 팔다리까지 후들거렸다. 주위를 살펴보았다. 위로는 친구의 등산화가, 아래로는 친구의 머리가 보였다. 그리고 옆으로는 절벽 아래로 소나무 숲이 얼핏 눈에 들어왔다. 이대로 떨어지면 여러 명이 죽을지도 모른다는 생각이 들었다. 어떻게든 살아야 한다는 생각이 간절했다. 땀인지 눈물인지 분간할 수 없는 액체는 자꾸만 볼을 타고 흘러내렸다.

그때였다. 팔이 쑤욱 내려왔다. 그런데 나는 선뜻 그 팔을 잡지 못했다. 괜히 팔을 잡았다가 뿌리째 뽑힌 나뭇가지처럼 될까 봐 겁이 났다. 친구들의 고함에 놀라 올려다보니 웬 사내의 얼굴이 희미하게 보이는 듯했다. 얼떨결에 팔을 잡았다. 내가 잡은 팔도 떨고 있었다. 풀처럼 연약한 팔을 붙잡고 어떻게 정상까지 갔는지 기억이 나질 않는다. 고맙다는 말을 하려고 보니까 그 사람은 이미 가고 없었다.

살다 보면 남의 도움이 필요한 때가 있다. 그런데 나는 도움이 필요할 때 주변 사람들에게 손을 내미는 용기가 부족하다. 남을 도와 주면서도 정작 나 자신은 남에게 도움받는 것을 부끄러워한다. 그래서 혼자 일을 처리하다 보면 쉬운 일을 어렵게 할 때가 종종 있다. 가까운 길도 먼 곳으로 빙 돌아서 갈 때가 한두 번이 아니다. 그나마 다행인 것은 이리저리 열심히 뛰어다니다 보면 언젠가는 도와 주는 사람이 나타난다는 사실이다. 아마도 하늘이 애처로워서 도와 주는 것 같다. 문득 죽음의 문턱에서 내 손을 잡아준 은인의 얼굴이 스쳐 지나간다.

휠체어를 탄 사람을 본다. 아직 물을 먹지 못하고 있다. 그 사람의 마음을 헤아려 본다. 나처럼 용기가 없는 사람인가 보다. 조심스럽게 물 한 잔을 건넨다. 나중에 다리가 낫게 되면 다른 사람들을 도와주면 된다는 말과 함께. 어두웠던 그의 얼굴이 조금씩 밝아진다. 도움이 필요할 때는 받고, 또 남을 도울 수 있을 때는 도우면 되는데 말처럼 쉬운 일이 아니다. 도움을 받는 일, 그것도 연습이 필요하다.

풍선초

풍선초 씨앗을 들여다본다. 지난여름 우리꽃 전시회가 열렸을 때 얻었다. 덩굴 사이로 매달린 연둣빛 주머니 속에서 완두콩만 한 씨앗이 나왔다. 씨앗의 표면에 그려진 하트 표시는 신비스러웠다. 하트 무늬에서 따뜻한 마음을 느꼈다. 순결하고 고귀한 마음이 주머니 속에 숨어 있는 것만 같았다. 열 길 물속은 알아도 한 길 사람 속은 알 수 없다는 말처럼 주머니를 열어보고서야 그 속에 무엇이 들었는지 알게 되었다. 마음을 들여다보는 고약한 취미가 생긴 것은 그때부터였나 보다.

효창원에 가기 위해 새벽 기차를 탔다. 백범 추모식에 참가하는 할아버지를 따라갔다. 할아버지와 함께 기차여행을 간 것은 처음 있는 일이다. 할아버지는 백범을 무척 존경한다. ≪백범일지≫를 외울 정도로 많이 읽었다. 지금도 가끔 꺼내 읽는다. ≪백범일지≫에 관한 이야기를 할 때는 두 주먹이 불끈 쥐어진다는 할아버지. 나에게도 몇 번이나 그 책을 꼭 읽으라고 주문하셨다. 그런데도 아직 다 읽지 못해 부끄럽다.

할아버지는 역사에 관한 지식이 해박하다. 사건의 연표를 외울 정도로 기억력도 뛰어나다. 요즘 젊은이들이 좋아하는 연예인을 쫓아다니듯이 할아버지도 백범의 일이라면 물불을 가리지 않으신다. 백범기념관을 만들기 위해 계획할 때부터 쏟은 정성은 이루 말할 수가 없다. 자료를 찾기 위해서라면 만 리 길도 한걸음에 달려갔다. 기념관의 문지기라도 했으면 하는 남모르는 소망이 있었다.

문지기가 되기 위한 노력도 대단했다. 마라톤 대회의 풀코스를 참가하기 위해 새벽마다 달렸다. 청년 못지않은 기백과 체력을 다졌다. 그러나 가는 세월 오는 백발을 막을 수 없었다. 가슴속에 묻어 두어야만 했던 꿈이었다. 생각하면 할수록 쓸쓸한 여운이 남는다.

서울역에서 택시를 타고 효창원까지 십 분 남짓 걸렸다. 효창원을 둘러보기 위해 두 시간 일찍 갔다. 크고 작은 동산으로 꾸며진 효창원은 아침 운동 하는 사람들과 백범 추모식에 참가한 사람들로 붐볐다. 운동 나온 사람들은 각양각색 차림의 사람들이 낯설게 보였나 보다. 그런데 내 눈에는 운동복 입은 사람들이 이방인처럼 어색했다. 아마 그곳에 온 사람들은 모두 백범 추모식에 참석하기 위해 온 사람이라고 생각했기 때문일 것이다.

효창원에는 조국의 광복을 위해 몸 바친 분들의 묘소가 있는 곳이다. 윤봉길, 안중근, 이봉창의 묘소도 있다. 그중에서 안중근 의사의 묘소는 가묘다. 시신을 찾지 못해 가묘로 만들었다. 가묘 앞에서 많은 사람이 통탄했을 것이다. 그러나 불의의 사형장에 있던 젊은이는 빙긋이 웃으며 눈감았겠지. 가슴속에는 조국을 사랑하는 마음이 가득했으니까.

나도 모르게 힘없는 민족의 설움이 복받쳤다. 눈물이 뜨거웠다. 그때 내 안에서 얼음장 깨지는 소리가 들려왔다. 내 눈에는 빛바랜 양복을 입었거나 두루마기에 갓을 쓴 사람들이 피 끓는 젊은이들로 보였다. 큰 사랑을 품은 사람들. 아무도 모르게 사랑했던, 사랑할 수밖에 없었던 그들은 풍선초를 닮았다. 조국을 사랑하는 마음이 행여 누구에게 들킬까 봐 주머니 속에 숨겨 놓은 풍선초였다.

돌아오는 기차 안에서 할아버지가 들려주는 옛이야기는 끝이 없었다. 역사를 한 줄로 꿰어서 곶감 빼먹듯이 맛있게 들려주었다. 주위 사람들도 귀를 기울이며 바라보았다. 할아버지가 자랑스러웠다. 내가 역사에 관심을 두게 된 것은 할아버지의 음덕이다. 학교 다닐 때 무조건 외워야만 했던 역사 과목이 제일 싫었다. 할아버지처럼 조곤조곤 재미있게 역사를 풀어주는 사람이 있었다면 얼마나 신나게 공부했을까. 얄팍한 역사 지식이 부끄러워 할아버지 앞에 있으면 고개를 들 수가 없다.

그날 이후 할아버지는 또 다른 꿈을 꾸었다. 할아버지는 매일 도서관에 갔다. 해박한 역사 지식과 한문 실력으로 문중에 있는 옛 한시를 현대판 시조로 번역했다. 아무나 할 수 있는 일은 결코 아니었다. 삼 년 넘게 걸린 힘든 일이었다. 단어 하나에도 소홀함이 없었다. 고어사전과 역사책을 뒤지며 참고했다. 힘겹게 작업한 원고는 연필과 빨간 볼펜 자국으로 가득했다. 돋보기 너머로 두 눈은 충혈되어 있었지만, 열정으로 가득 찬 할아버지는 힘든 내색을 하지 않았다.

겨자색 표지의 시조집이 나왔을 때 누구보다 기뻐했던 사람은 나였다. 할아버지 등 뒤에서 늘 지켜보았기 때문이다. 그런데 아무리 책을 살펴봐도 할아버지의 이름이 없었다. 참 서운했다. 사람의 마음처럼 책도 숨기는 것이 있나 보다. 큰 사랑은 늘 감춰져 있었다. 그 사랑을 느끼려는 사람의 눈에만 보이는지도 모른다. 터뜨려보지 않으면 알 수 없는 풍선초의 주머니처럼.

활주

우암 선생이 말년에 강학하던 곳, 남간정사. 강학이라는 말 속에는 가르치며 배운다는 뜻이 담겨 있기 때문인지 정감이 느껴진다. 어떻게 가르치며 배울 것인가. 나는 활주를 볼 때마다 우암 선생이 그곳에 강학의 방법을 숨겨둔 것 같다는 상상을 한다.

남간정사의 처마 끝에 활주가 있다. 무거운 지붕의 무게를 분산시키기 위해서 처마 끝에 세운 보조 기둥이 활주다. 네 귀퉁이에 세워진 활주의 길이가 서로 다르다. 활주 밑에 있는 팔각 주춧돌의 높낮이가 다르기 때문이다.

예전에는 주변에서 손쉽게 구할 수 있는 돌이나 나무로 집을 지었다. 돌이 귀한 곳에서는 주춧돌의 모양이 똑같게 만들기가 어려웠을 것이다. 또 주변 환경에 따라 주춧돌의 높낮이나 나무의 길이도 다르게 할 수밖에 없는 사정도 있었을 것이다. 길이가 서로 다른 활주를 볼 때마다 나는 지역아동센터의 아이들이 생각난다.

지역아동센터에는 조부모, 편부모, 다문화 가정의 아이 등 다양한 아이들이 찾아온다. 평소 그런 아이들에 대한 관심이 높았기 때문에 지역아동센터의 교사로 발령 났을 때, 금방 적응하리라 예상했다. 그런데 시간이 흐를수록 내 생각이 짧았다는 것을 깨달았다.

학년에 상관없이 아이들의 수준이 제각각이었다. 연필 잡는 법이나 글씨 쓰는 방법은 말할 것도 없고, 글자를 못 읽는 아이들도 있었다. 그러니 책과 친해지고 싶어도 힘들었을 것이다. 수업시간마다 억지로 끌려다니는 아이들의 모습이란.

학년마다 한두 명의 까칠한 아이들 때문에 애를 먹었다. 차라리 참석하지 않으면 좋으련만, 그곳 규칙상 어떻게 할 수가 없었다. 까칠한 아이일수록 똑똑했기 때문에 나는 몹시 안타까웠다.

어떻게든 그 아이들을 끌어안으려 노력했다. 아이들을 위해서는 일대일 맞춤식 수업이 필요했다.

일방적인 수업을 포기했다. 스스로 목표를 정하도록 했다. 달성하면 상을 주고, 초과 달성하면 보너스를 주었다. 그랬더니 아이들이 공부에 대해 욕심을 부렸다. 책 한 권이라도 더 읽으려고 노력했다.

열심히 하는 아이들이 많아지자 분위기가 달라졌다. 분위기가 바뀌니까 마음의 문을 닫고 있던 아이들도 조금씩 변하기 시작했다. 문을 열고 들어서면 먼저 손을 씻고 로션을 바른 뒤, 책을 읽기 시작했다. 연필을 똑바로 잡고, 글자 한 자를 써도 정성껏 쓰려고 애썼다. 또 옆에 있는 아이들도 챙겨주었다. 그런 아이들을 위해서라면 물질이든 마음이든, 나는 뭔가 하나라도 더 주고 싶었다. 자나 깨나 아이들 생각뿐이었다.

지역 아동센터에 다니기 전까지만 해도 나는 똑같은 길이의 활주만 가지고 있었다. 사람들을 만날 때마다 목욕탕 안에서 만난 것처럼 편견 없는 마음으로 대했다. 모두 나와 같은 마음으로 살아갈 거라고 믿었다.

그곳에서는 똑같은 길이의 활주가 통하지 않았다. 주춧돌의 길이에 따라 활주의 길이를 조절해야 했다. 처음에는 주춧돌의 높낮이를 잘 몰라서 시행착오를 많이 겪었다. 시행착오를 겪으면서 활주의 길이도 조절하게 되었다.

점점 다양한 종류의 활주가 필요했다. 그래서 뒤늦게 대학의 문을 두드렸다. 아이들이 타고난 성향을 미리 알고 그에 맞는 수업을 하기 위해 적성검사 하는 법도 배웠다. 가르치며 배운다는 말은 나를 두고 한 말인가 보다.

지난 스승의 날 저녁에 전화가 왔다. 지역 아동센터의 아이 중 한 명이었다. 언젠가 아이에게 "네 어머니의 솜씨가 뛰어날 거다."라고 말해 준 적이 있었다. 어머니가 얼마 전 자격증을 땄다며 아이가 자랑했다. 고맙다는 말과 함께. 스쳐 지나가는 말로 해준 이야기였는데 어떻게 기억하고 있었을까. 잊지 않고 전화해 준 것만으로도 내가 더 고마웠다.

누군가에게 활주가 되어 줄 수 있다는 것, 그것은 참으로 행복한 일이다. 아이들은 나의 활주가 되었고, 나는 아이들의 활주가 되었다. 아이들 덕분에 요즘 밤마다 새로운 것을 배우는 재미에 푹 빠져 산다. 활주는 내 인생의 버팀목이다.

| 마무리 글 |

지난겨울, 늘 봄 같던 그녀는 먼 길을 떠났습니다. 그녀 안에는 무엇이든 가능하게 하는 봄이 있었습니다. 언 땅을 녹이는 힘이 있었고 꽃을 피우고 잎을 무성하게 할 줄 아는 사람이었습니다. 어떤 어려움 속에서도 그녀 앞에만 서면 언제나 희망은 있었습니다. 거부할 수 없기에 자신의 일부로 받아들여야만 했던 병상에서도 찌푸린 모습을 본 일은 거의 없었습니다.

그런 그녀에게 너무 늦게 손 내밀었습니다. 그녀의 삶이 이렇듯 짧으리라 예기치 못했기 때문입니다. 좀 더 일찍 내밀지 못한 손이 못내 아쉽습니다. 내겐 언제나 봄이었던 그녀에게 나는 무엇으로 기억되었을까를 생각합니다. 그녀가 남긴 흔적들이 다른 누군가에게도 따사로움으로 다가갈 것이라 믿기에 오늘 이 글들을 엮습니다.

엄미희 · 정애령 수필집
그렝이질

인쇄 2017년 7월 26일
발행 2017년 7월 31일

지은이 엄미희 · 정애령
발행인 서정환
펴낸곳 수필과비평사
주소 서울시 종로구 삼일대로 32길 36(익선동 30-6 운현신화타워 빌딩) 305호
전화 (02) 3675-3885, (063) 275-4000 · 0484
팩스 (063) 274-3131
이메일 sina321@hanmail.net essay321@hanmail.net
출판등록 제300-2013-133호
인쇄 · 제본 신아출판사

ISBN 979-11-5933-096-4 03810
값 13,000원

이 도서의 국립중앙도서관 출판예정도서목록(CIP)은 서지정보유통지원시스템 홈페이지(http://seoji.nl.go.kr)와 국가자료공동목록시스템(http://www.nl.go.kr/kolisnet)에서 이용하실 수 있습니다.(CIP제어번호: CIP2017018404)

Printed in KOREA